너와 조금 달라도
내가 틀린 것은 아니야

〈自分を好きになる練習 何才からでも始められる《自分育て》〉(矢作直樹)

ZIBUNWO SUKINI NARURENSYUU NANSAIKARADEMO
HAJIMERARERU JIBUNSODATE

Copyright © 2020 by Naoki Yahagi

Original Japanese edition published by Bunkyosha Co., Ltd., Tokyo, Japan

Korean edition published by arrangement with Bunkyosha Co., Ltd.

through Japan Creative Agency Inc., Tokyo and Eric Yang Agency, Seoul

너와 조금 달라도

내가
틀린 것은
아니야

홍익출판 미디어그룹

들어가며 당신은 자신을 좋아하십니까? ___9

자기 자신에게
친절하라

내 몸에게 고맙다고 말해주자 ___18

항상 경쾌하게 행동하자 ___24

먹을 수 있음에 감사하는 마음이 먼저다 ___29

먼저 자신의 체질을 파악하라 ___35

함부로 자기 몸을 혹사하지 마라 ___40

숫자나 기록으로 자신을 속박하지 마라 ___45

무엇인가 없으면, 무엇인가 있다 ___50

조금은 대충인 인생이라도 괜찮다 ___54

제2장

자신이 싫어해도
몸은 나를 좋아한다

자신을 돈의 노예로 만들지 마라 ___62

오래전에 좋아했던 것을 찾아보라 ___66

만날 때마다 시간을 빼앗긴다는 느낌이라면 ___71

일상을 차곡차곡 기록하고 정리하라 ___76

마음의 충만을 일깨워주는 식물들 ___81

자신이 싫어하더라도 몸은 나를 좋아한다 ___86

메갈로돈의 마지막을 기억하라 ___90

양보다는 질로 승부하라 ___95

제3장

나와 달라도
그가 틀린 것은 아니다

서로 생각이 다른 것은 당연하다 ___102

남들이 나를 어떻게 평가하든 ___106

나를 바꿀 수 있는 것은 나 자신뿐 ___111

다른 사람과 억지로 맞춰 살 필요는 없다 ___115

부정적인 기분을 사라지게 하는 법 ___119

인생은 원래 나쁜 일이 일어나게 되어 있다 ___124

무슨 일이든 지나치면 독이 된다 ___128

일상의 동작 하나하나에 소리를 내보자 ___132

제4장

지금 그대로의
나에게 감사하자

지금 내가 여기 있는 것이 바로 기적이다 ___140

감사 리스트를 작성하라 ___145

일상은 당연함의 연속이 아니다 ___149

값싼 물건에 손을 내밀지 마라 ___153

기차로 갈 수 있는 곳을 비행기로 가지 마라 ___158

무엇을 먹을지 고민하기 전에 ___162

먹는 법은 자기 몸이 정하는 것 ___166

1회용품은 정말 괜찮은가 ___170

제5장

모든 답은
자기 자신 안에 있다

감각의 둔화는 나이 탓이 아니다 ___176

세상에 완벽한 것은 없다 ___180

책은 가장 가까이 있는 도피처 ___185

소수의견을 말하는 외로움을 피하지 마라 ___189

굳이 목표가 없어도 괜찮다 ___193

나의 유일한 파트너는 나 자신뿐 ___197

의리 때문에 자기에게 거짓말을 하지 마라 ___201

사회라는 피라미드의 밑바닥 ___205

당신은 자신을
좋아하십니까?

《채근담》도, 니체도 똑같은 말을 했다

당신은 자신을 좋아합니까? 아니면 날마다 들볶고 구박하며 하찮은 사람처럼 대합니까? 이런 질문에 대답을 주저하는 사람도 있고, 자기가 자신을 좋아하다니 무슨 소리냐며 질문의 의도를 의심하는 사람도 있을 것입니다.

개중에는 '나는 나 자신을 진짜 좋아한다'고 당당하게 말하는 사람도 있겠지만, 누군가는 눈살을 찌푸리며 '나는 나 같은 인간을 정말 싫어한다'며 좋아하지 않는 이유를 줄줄이 열거하는 사람도 있을 것입니다.

이렇게 자신에 대해 매정한 평가를 내리며 모질게 대하는 사람에게는 동양의 탈무드라 불리는 《채근담》에 있는 다음과 같은 이야기를 들려주고 싶습니다.

"마음이 후한 사람은 스스로에게 후하고, 남에게도 후하며 어디서나 후하다. 반면에 마음이 야박한 사람은 스스로에게 야박하고, 남에게도 야박하며 모든 일에 야박하다. 그러므로 군자는 평소에 기호가 너무 후하고 사치스러워도 안 되고, 또한 지나치게 메마르고 각박해서도 안 된다."

강의 중에 청중들에게 '여러분은 자기 자신을 좋아합니까?'라고 물으면, 대부분은 약속이나 한 듯이 '좋아하지도, 싫어하지도 않는다'고 대답합니다. 그런데 어떤 사람은 이렇게도 말합니다.

"나는 원래 이렇게 생겨먹었는데 나 자신을 좋아하고 싫어할 게 뭐가 있겠어요? 내가 나를 좋아한들 달라질 것도 없잖아요? 그냥 생긴 대로 그럭저럭 살아가는 거죠……."

자기 자신을 좋아하는 사람과 싫어하는 사람의 비율이 얼마나 되는지, 그리고 거기에 따른 이유는 무엇인지 수십만 명 규모의 설문조사라도 돌려보지 않으면 올바른 분석을 할 수 없는데 단 한 가지만은 분명하게 단언할 수 있습니다.

그것은 바로 '자기 자신을 좋아하면 인생은 즐거워진다'는 것입니다. 이것은 의심할 여지가 없는 진리로, 역사상 가장 위대한 사상가 중의 한 사람인 니체Friedrich Nietzsche는 이렇게 말합니다.

"자기 자신을 변변치 않은 사람으로 깎아내리지 마라. 그런 태도는 자신의 행동과 사고를 꽁꽁 옭아매어 나락으로 굴러떨어지게 만든다. 무슨 일을 하더라도 자기 자신을 좋아하는 것으로부터 시작하라. 지금까지 살면서 아무것도 이뤄낸 일이 없을지라도 자신을 항상 존귀한 인간으로 사랑하고 존경하라. 자기 자신을 사랑하면 결코 악행을 저지르지 않고 누구로부터 지탄받을 일도 저지르지 않는다. 그런 태도가 미래를 꿈꾸는 데 가장 강력한 힘으로 작용한다는 사실을 절대로 잊지 마라."

일밖에 몰랐던 지난날을 후회한다

솔직히 고백하자면, 나 자신조차도 지금까지 살면서 좋다든가 싫다든가 하는 관점으로 나 자신을 바라본 적이 없었습니다. 스스로 나 자신을 좋아하는지 싫어하는지 물어보고, 그에 따른 대답을 들어보지 않았습니다.

그런 일에 신경 쓸 여유가 없었기 때문입니다. 누군가 '네 인생의 목적이 뭐지?' 하고 물어왔을 때도 내 인생을 설계하는 확실한 그림은커녕 우물쭈물 대답을 회피하며 모호한 태도를 취해왔습니다.

지난 세월의 나를 돌아보면 그저 일벌레처럼 일에만 빠져 지냈습니다. 도쿄대학병원 응급의학과와 집중치료학과에서 일할 때는 몸이 망가지기 일보 직전까지 갈 정도로 혹독한 환경에서 일했습니다.

근무시간은 비상식적일 만큼 길고 수면시간은 터무니없이 부족한 최악의 노동 조건이었습니다. 다른 사람들의 생명을 구하고 있는 내가 살려달라고 비명을 질러야 할 정도였으니, 개인적인 생활이 완전히 망가진 상태였습니다.

한 사람의 의료인으로서 국민의 건강 유지에 일조하고 싶다고 말하면 뭔가 그럴싸하게 들릴지 모르겠지만, 지나치게 가혹한 근무 환경에 파묻혀 일하다 쓰러지기라도 한다면, 일개미처럼 처연하게 일만 하다가 죽고 마는 것은 아무 의미 없는 일일 것입니다.

이런 상황에서는 누군가 나에게 '당신은 자신을 좋아합니까?'라고 물어도 제대로 답변하지 못하고 우물쭈물 입을 다물었을지 모릅니다. 어쩌면 이런 모습은 대다수 직장인들의 일상이 아닐까 싶습니다.

괴테Johann Wolfgang von Goethe는 《파우스트Faust》에 이렇게 썼습니다.

"세상의 모든 일이 시시하게 느껴지면 마음은 시든 꽃처럼 생기를 잃고 만다. 세상의 누구도 그런 사람에게는 매력을 느끼지 못할 것이다. 끊임없이 살아가는 기쁨을 맛보기 위해서는 결코 시시해지지 않을 무엇이 필요하다."

자신을 시시한 존재로 만들지 않고 살아가는 기쁨을 맛보려면 그 무엇보다도 자신을 좋아해야 한다는 뜻입니다. 당신은 그렇게 살고 있습니까?

도쿄대학병원 응급의학과에서 일할 때의 나를 돌아보면, 일단 하나하나의 작은 목표들을 달성할 때는 보람이 있었지만 나 자신을 돌아볼 겨를도 없이 시시각각 버텨내야 하는 상황에서는 '나'라는 존재를 찾기가 어려웠습니다.

이것을 심리학적인 관점에서 본다면, 자기 자신을 좋아하지 않는 사람들은 그들의 마음속에 '자기 자신'이라는 존재감이 아예 없거나 터무니없이 부족합니다. 도쿄대학병원에서 일할 때의 내 모습이 딱 그랬습니다.

스스로를 칭찬하고 보듬어주는 사람

당신도 잠시 과거를 돌아보기 바랍니다. 당신의 삶에서 '살아남았다'고 느꼈던 순간이 어딘가에 있을 것입니다. 평소에는 그런 일을 전혀 의식하지 않지만 마음속 어딘가에 분명히 그런 일이 있을 것입니다.

누구나 살면서 고민하고, 괴로워하고, 저주하고, 실패하고, 증오하고, 절망하면서 힘든 나날을 보냅니다. 마음에 먹구름이 끼어 삶 자체가 암울한 그림자에 갇힌 듯이 어둡게만 지내게 되는 날이 누구에게나 있습니다.

하지만 그럼에도 불구하고 죽지 않고 살아서 지금 여기 있습니다. 그런 암울한 순간에 직면하면서도 운명에 무릎 꿇지 않고 다시 앞으로 나아갔던 당신입니다.

그런 당신 자신을 조금이라도 좋으니 칭찬해주면 어떨까요? 잘 살아왔다고, 대단한 일을 해냈다고, 그렇게 내가 해내지 않았느냐고 토닥거려주면 어떨까요? 그러니 이렇게 말할 수 있겠습니다.

"평범하게 살아 있는 것만으로도 기적 그 자체다."

죽음은 몹쓸 병에 걸리거나 사고를 당하거나 하지 않아도 우리들 바로 옆에 항상 존재합니다. 천재지변으로 죽는 경우도 있고 불의의 사고에 휘말려서 죽는 경우도 있습니다. 인간관계로 인한 고민들이 쌓이다 보면 스트레스로 죽을 수도 있고 스스로 죽음을 택하는 경우도 있습니다.

그런데도 우리들 모두 어려운 상황을 헤쳐내고 여기 이렇게 살아 있습니다. 우리는 스스로 의식하고 있지 않을 뿐이지 지나온 삶에서 너무도 많은 허들을 뛰어넘어 왔습니다. 그런 성취는 오로지 당신 혼자의 힘으로 이뤄낸 승리입니다.

그러나 살아남은 내게 감사를 전하는 것만으로는 안 됩니다. 또 하나 중요한 게 있습니다. 그것은 '앞으로 나 자신을 더 긍정적인 쪽으로 향하게끔 육성하겠다!'는 각오입니다.

'자기 육성'에는 나이가 없습니다. 20대든 60대든 언제든 시작할 수 있는 숙제입니다. 우리 인생에서는 그렇게 자신을 밝고 긍정적인 에너지가 가득한 곳으로 향할 수 있게 나아가는 일이 중요합니다.

이 책에서는 자기 자신을 좋아하는 일이 무엇인지, 자신이 좋아지도록 하기 위해 무엇을 어떻게 해야 하는지에 대해 다양한 각도에서 다룰 것입니다. 마지막까지 관심을 가져주시기 바랍니다.

제1장

자기 자신에게
친절하라

내 몸에게
고맙다고 말해주자

나를 위한 플라세보 효과

인간은 상상 이상으로 복잡한 생물체입니다. 또한 너무도 다양한 감정을 가진 존재이기에 억지로 자신을 좋아하려고 해도 그럴 수 없을 때가 많습니다.

그런가 하면 타인이 신경 쓰여 견딜 수 없을 때 남을 너무 의식하지 말라고 아무리 조언해도 안 됩니다. 그때는 그런 감정의 기운이 너무 강하기 때문입니다. 따라서 나는 지금 당장 자기 자신을 무조건적으로 좋아해보자, 타인을 신경 쓰지 말자고 하지는 않겠습니다.

우선 자신의 몸에게 항상 고맙다고 말하는 습관을 갖는

일로부터 시작해보겠습니다. 그렇게 하는 것은 나 자신의 몸을 내가 남보다 먼저 인정한다는 얘기입니다. 다른 사람들로부터 인정을 받는 게 아니라 스스로를 인정하는 것입니다.

나는 의과대학에 다닐 때 한동안 심리학 공부에 심취한 적이 있는데, 그때 교수님께서는 누구라도 자기 몸에 감사하면 체내에 긍정적인 기류가 흐른다고 강조하셨습니다.

"신체의 모든 세포나 기관들이 주인으로부터 자기들의 역할을 제대로 해내고 있다는 사실을 인정받으면 그러한 기쁜 감정으로 인해 체내 환경이 활성화된다."

이런 원칙은 정신의학에서 널리 쓰이는 치료 기법의 하나인 '플라세보placebo 효과'에서 찾아볼 수 있습니다. 플라세보라는 말 자체가 라틴어로 '내가 기쁘게 해주겠다'는 뜻으로, 실제 효과가 없는 녹말이나 생리식염수 같은 위약僞藥을 특정한 유효 성분이 있는 것처럼 위장하여 환자에게 투여했을 때 실제로 병세가 호전되는 현상을 말합니다.

플라세보 효과는 정신 상태에 영향을 받기 쉬운 질환이나 만성질환에서 특히 효과가 있는데, 이는 약에 대한 믿음이 상태를 호전시킨다는 의미로 이것을 일상에 적용하면 의외로 유용한 효과를 얻어낼 수 있습니다.

우리는 때로 자신의 힘으로는 이룰 수 없는 일들을 원할 때가 있습니다. 내가 미처 갖지 못한 것, 나에게 아직 없는 것을 원할 때 느끼는 감정이 강렬해지면 기아감飢餓感이 증가해서 타인을 질투하며 좌절하게 됩니다.

기아라는 말의 사전적 정의는 오랜 기간 동안 이어진 심한 식량 부족으로 지속적인 굶주림, 쇠약함, 사망을 일으키는 현상을 말합니다. 여기서 말하는 기아감이란 내게 없는 것을 지나치게 열망할 때 뒤따르지 않는 현실에 크게 결핍을 느끼는 감정을 가리킵니다.

이러다 보면 점차 나를 타인과 비교해보는 감정이 얽히고 설켜서 자신에게 심한 열등감을 느끼게 됩니다. 이런 감정이 반복되면 좀체 나아지지 않는 자신을 미워하는 습관에 빠지게 됩니다. 그리고 자신을 가혹하게 대하게 됩니다.

있는 그대로의 자신으로 살아가면

얼굴이나 몸은 유전적 요소에 따라 달라지는 법인데 미디어에서 흘러나오는 정보에 좌우되어 '나는 못났다'며 멋대로 자신에게 부정적인 평가를 내리다가 성형을 하거나 격심한 다이어트를 선택하는 사람도 있습니다.

그나마 한 번으로 끝나면 다행이지만 사로잡힌 강박관념으로 인해 '한 번만 더!' 하면서 자신에게 없는 것을 더 많이 원하게 되는 주술에 걸리는 상황을 우리는 자주 보게 됩니다.

어떤 사람은 자기 몸이 남들에 비해 월등히 많이 뚱뚱해도 조금도 열등감을 갖지 않고 살아갑니다. 또 어떤 사람은 눈에 띄게 비쩍 말라도 남과 비교하지 않고 자기에게 주어진 인생대로 열심히 살아갑니다.

그런 사람들이야말로 세상에서 가장 아름답다고 생각합니다. 사람의 체형이나 얼굴 생김새는 원래 이상적인 것이 없습니다. 자연계에서 인간만큼 다양성이 넘치는 생물은 없는데, 어떤 체형이나 생김새라도 모두 특별한 존재라는 뜻입니다.

내가 이 기회에 꼭 강조하고 싶은 말은, 모든 사람에게 통용되는 목표나 이상이란 엉터리 철학자나 심리학자들이 돈을 벌기 위해 멋대로 만들어낸 이론이라는 점입니다.

이 말을 하면서 떠오르는 사람이 있습니다. 여성 코미디언 와타나베 나오미渡辺直美는 일본뿐만 아니라 아시아, 미국과 유럽에서도 큰 인기를 끌고 있는 인물입니다.

그녀는 뚱뚱한 외모에도 자신감 있는 행동과 태도, 패션 센스에다 개성 있는 화장 덕분에 일본에서 큰 지지를 받고 있는데, 그 이유는 그녀가 '있는 그대로의 모습'을 보여주기 때문이랍니다.

그녀는 일반인의 눈으로 보면 꽤나 뚱뚱하지만, 자신을 누군가와 비교하지 않고 애써 무리도 하지 않은 채 타고난 자기 자신을 즐기고 있습니다.

한번은 SNS에서 어떤 사람이 그녀의 외모에 대해 악의적인 댓글을 단 적이 있는데, 그녀는 이렇게 쿨하게 받아침으로써 팬들의 박수를 받았습니다.

"나를 손가락질하는 것이 어디까지나 그 사람의 자유라면, 이렇게 생긴 대로 살아가는 것도 나의 자유입니다."

그녀의 활기찬 삶을 보노라면 자기만의 삶을 살아가는 사람은 세대를 넘어서 반드시 응원을 받는다는 사실을 알 수가 있습니다.

우리는 자기 자신 이외의 어느 누구로도 바뀔 수가 없습니다. 엄청난 성형수술비를 들여 타인의 모습으로 바뀐다고 해도 몸속의 DNA는 그대로여서 마치 복면을 쓰고 있는 것처럼 어색할 뿐입니다.

누가 뭐라 해도 기죽지 않고 있는 그대로의 나에게 자부심을 느끼며 당당하게 살아가는 것이 나 자신을 좋아하는 첫걸음입니다.

나에게 없는 것을 원하는 감정이 강해지면
기아감이 증가해서 타인을 질투하며 좌절하게 된다.

항상 경쾌하게
행동하자

움직임을 보면 그 사람이 보인다

인체의 윤곽은 골격과 근육, 그리고 지방의 세 가지 조합으로 구성됩니다. 이 조합의 밸런스는 세상에서 유일무이한 것으로, 심지어 일란성쌍둥이조차도 신체 조건이 완벽하게 일치하지는 않습니다.

이렇게 유일무이한 존재임에도 많은 사람들이 자기 몸에 신경을 곤두세우고 고민하는 것이 바로 살이 쪘다든가 말랐다든가 하는 '체격'에 관한 문제입니다.

체격이란 근육, 골격, 영양 상태로 나타나는 몸의 외관에 대한 전체적 형상을 말하는데, 이런 정의만 봐도 자신에게 정해져 있는 운명의 일부라는 생각이 듭니다. 그런데도 이 문제는 세대를 뛰어넘고 남녀를 뛰어넘으며, 심지어 동서양을 뛰어넘어 고민거리가 되고 있습니다.

요즘엔 신체의 구성을 보다 상세히 측정하여 근육량, 체지방률, 내장지방률 등을 알 수 있습니다. 이러면 똑같은 신장과 체중이라도 어느 쪽이 더 근육량이 많고 체지방이나 내장지방이 적은지 평가할 수 있어서 더 나은 체격을 판단하는 데 용이하다고 할 수 있습니다.

그럼에도 이것은 겉으로 드러나는 숫자에 불과합니다. 나는 그보다 더 단순하면서도 실제적인 기준은 사람의 '움직임'에 있다고 생각합니다. 움직임이 어떤가에 따라 그 사람의 활동성을 평가할 수 있기 때문입니다.

예를 들어 남보다 비만인 사람이 일할 때 두뇌 회전도 빠르고 행동도 남보다 빠른 경우를 흔히 봅니다. 반면에 겉으로만 보면 누구보다 표준 체형임에도 반응 속도가 형편없이 느린 사람도 많이 봅니다.

앞에서 '뚱뚱하거나 말라도 아름다울 수 있다'고 했는데, 이는 말하자면 얼마나 경쾌하게 움직일 수 있느냐가 중요한 포인트라고 볼 수 있습니다.

날씬한 체형에 아름다운 외모를 가진 사람이라도 경쾌하게 움직일 수 없다면 몸 어딘가에 문제가 있을지 모르고, 비만이어서 주위의 놀림감이 되어도 경쾌하게 움직이는 사람은 걱정할 만큼 큰 문제는 없다고 할 수 있을 것입니다.

그 여자가 그 남자를 선택한 이유

러시아의 소설가인 막심 고리키Maxim Gorky는 이렇게 썼습니다.

"요즘 사람들은 사는 것이 아니라 단지 삶을 흉내 내고 있을 뿐이지. 나는 흉내를 내는 데 평생을 허비하는 사람들을 숱하게 보아왔지. 흉내나 내면서 하루하루를 허비하다가 더 이상 자기 자신을 속일 수 없게 되면, 그들은 자신의 운명을 원망하기 시작하지. 그런데 운명이란 게 도대체 뭔가? 그것은 스스로 만드는 거야!"

막심 고리키는 이 짧은 글을 통해 우리에게 평생을 자기 자신으로 살아간다는 것의 소중함을 말하고 있습니다.

의대에 다닐 때, 뛰어난 미모에 탁월한 실력으로 모든 남

학생들의 선망의 대상이던 여학생이 있었습니다. 많은 남학생들이 그녀의 환심을 사려고 노력했지만, 막상 졸업한 후에 그녀가 선택한 남자는 문리대를 나온 뒤에 대학원에 진학한 평범한 남학생이었습니다.

그녀가 그 남자를 평생의 짝으로 선택한 이유는 무엇일까요? 저마다 의사가 되어 특별한 삶을 살게 되었다고 자부하고 있던 우리는 그 남자의 보잘것없는 외모나 내세울 것 없는 조건에 더욱 그녀의 의도를 궁금해했습니다.

참고로, 대학을 졸업한 지 30여 년이 훌쩍 넘은 지금 두 사람의 근황을 소개하자면 그녀는 유명 대학병원의 원장이 되었고, 남편은 모교에서 대학교수로 재직하며 몇 권의 책을 쓰기도 했습니다.

그 남자는 예나 지금이나 조용한 성품에 왜소한 체형이지만, 그녀는 그런 모습에서 오롯이 자기 자신의 모습으로 살아가는 사람의 얼굴을 발견했는지도 모릅니다.

우리 주변엔 자신이 가진 것에 자부심을 느끼며 당당하게 살아가는 사람보다는 자기에게 없는 것에 결핍감을 느끼며 고개를 숙이고 살아가는 사람이 많습니다. 그러다 보니 자기에게 누구도 갖지 못한 소중한 것들이 많음에도 전혀 깨닫지 못하고 살아갑니다.

당신의 얼굴과 골격과 체형은 비록 당신의 선택이 아니었지만 마음만은 얼마든지 밝고 경쾌한 쪽으로 변해갈 수 있습니다. 남의 삶을 흉내 내지 말고 자기 자신으로 살아가면 됩니다. 나에게 없는 것을 탓하며 운명을 원망하지 말아야 합니다. 그러면 행복은 저절로 따라옵니다. 운명이란 스스로가 만드는 것이라는 말을 언제나 잊지 말기 바랍니다.

❋

말라도, 뚱뚱해도 신경 쓰지 말자.
마음이 편하고 움직임이 경쾌하다면
그것이 자기에게 맞는 베스트 체형이다.

먹을 수 있음에
감사하는 마음이 먼저다

사람에게는 저마다 '적당한 몸 상태'가 있다

한 사람의 의사로서 단언하건대, 나는 건강으로 인한 위기 상황같이 특별한 사정이 없는 한 다이어트는 불필요하다고 생각합니다.

사람에게는 저마다 '적당한 몸 상태'라는 게 있습니다. 이 것은 생활 리듬, 식사, 체중, 운동을 하면서 '지금 이 상태가 가장 쾌적하다'고 스스로 체감하는 상태로, 이것이 바로 최상의 몸 상태이고 이런 밸런스가 가장 이상적인 것입니다.

더 좋은 몸을 위해서는 다이어트가 필수적이라고 믿는 사람이 많은데, 빠른 기간 안에 급하게 진행하는 다이어트가 심신에 얼마나 부담을 주는지는 이미 충분히 알려진 사실입니다.

하루 세 끼를 갑자기 한 끼로 줄인다든지 당질을 줄이려고 탄수화물은 절대 먹지 않는다든지 하는 극단적인 방법은 다이어트가 아니라 자기 몸을 학대하는 일입니다.

자신의 다이어트 방법을 말하는 사람들 중에는 무자비한 식이요법으로 인해 오히려 몸이 망가지는 결과를 낳았다고 말하는 사람들이 적지 않습니다. 그런 사람들에게 묻고 싶습니다. 왜 그렇게까지 해야 하나요?

그런 사람들에게는 무조건 다이어트를 택할 게 아니라 음식에 대한 감사가 먼저라고 말해주고 싶습니다. 식당에 가보면 스마트폰을 계속 만지작거리며 먹는다든지, 맛을 즐길 여유조차 없이 무엇에 쫓기듯 한입에 털어 넣는 사람들이 많이 있습니다.

많은 양을 한꺼번에 먹는 사람이나 엄청난 속도로 재빨리 먹어치우는 사람은 일상생활에 대한 결여감이 강하기 때문에 적당한 몸 상태를 유지할 수가 없습니다.

이러면 뇌의 움직임을 통제하는 중추신경이 일종의 시스

템 에러를 일으키게 되어 몸과 마음의 밸런스가 무너져버리는 사태를 초래하게 됩니다.

예를 들어 체중이 60킬로그램 정도일 때는 경쾌하게 움직이던 사람이 몇 달 내에 80킬로그램이 되면 당연히 예전처럼 움직일 수 없을 것입니다.

반대로 체중이 70킬로그램이던 사람이 미신에 홀리듯이 이상한 다이어트 방법에 매혹되어 순식간에 60킬로그램 내외로 줄이면 반드시 문제가 생깁니다. 이런 사람들은 몸을 움직이는 작동 시스템에 문제가 생기지는 않았는지 점검해봐야 합니다.

음식에 감사할 수 있게 되면

몸 상태를 볼 때 경쾌한 움직임은 중요한 기준이 됩니다. 그 경쾌함을 유지하기 위해, 다시 말해서 최고 상태의 건강을 유지하기 위해 우선적으로 할 일은 무자비한 다이어트가 아니라 음식에 대한 감사입니다.

"오늘도 식사를 할 수 있구나, 감사하다!"

단지 이렇게만 말하면 됩니다. 음식에 감사할 수 있게 되면 그다음엔 음식을 먹는 속도, 식사 중의 대화, 그리고 식재료가 자연스럽게 변해갑니다. 이렇게 되면 패스트푸드나 첨가물이 다량 함유된 음식은 피하게 되고 야채나 과일, 발효식품 같은 자연계 식재료를 많이 먹게 됩니다.

이렇게만 할 수 있다면 다이어트는 불필요합니다. 간단히 말해서 무작정 식사의 횟수를 줄이지 않고 식사의 내용과 먹는 방식만 고쳐도 자신의 몸 상태를 개선할 수 있다는 얘기입니다.

그러다 보면 결국 환경문제로까지 관심이 이어져서 될 수 있는 한 음식쓰레기가 나오지 않도록 해야겠다고 마음을 먹게 됩니다. 이런 행동이 모이면 우리가 살고 있는 지구도 적당한 몸 상태를 유지할 수 있게 도움이 됩니다.

음식에 감사할 수 있게 되면 자신의 몸에도 감사할 수 있게 됩니다. 다이어트니 뭐니 해서 아무리 노력해도 결과가 나빠 자기 몸에 감사할 수가 없다고 한탄하는 사람이라면 우선 매일 먹는 음식에 감사의 마음을 전달해보기 바랍니다.

우리는 매일 뭔가를 먹으면서 살아가기 때문에 이것은 그리 어렵지 않은 일입니다. 그렇게 음식에 감사하다 보면 지나친 과식이나 소식도, 아니면 다이어트에 대한 집착도 점차 사라져가게 됩니다.

만족하는 식사의 양은 각자 다른데, 내가 소량의 음식을 먹으면 더 먹으라고 채근하는 사람이 어디에나 있습니다. 하지만 그럴 때는 생각해주는 마음만 받고 자기 자신의 몸에서 나는 소리를 들어봅시다. 만족한 포만감의 소리가 들리는지, 지나친 식사로 인해 내장이 힘들어하는지 말입니다.

만족하는 식사 내용도 각자 다른데, 여기서도 적당한 밸런스가 필요합니다. 예를 들어 육식에 편중된 사람이라면 무리하지 않는 범위에서 야채나 발효식품을 곁들여서 섭취하도록 조절하는 것이 좋습니다. 그러면 영양의 편중이 사라집니다.

마지막으로 식사를 하면서 타인을 신경 쓰지 않는 태도가 중요합니다. 체격에는 개인차가 있습니다. 그것이 개성임을 잊지 말아야 합니다. 남보다 조금 비만이라고 해서 주눅이 들거나 열등감에 빠질 필요가 없습니다.

정말로 필요한 것은 나만의 식습관을 지키는 일입니다. 남보다 조금 과식을 해도 그것이 몸에 무리가 가지 않고 딱 좋은 만족감을 준다면 용납이 되어야 한다고 생각합니다. 다시

한 번 말하지만 자신이 경쾌하다고 느낀다면 그것이 적당한
몸 상태입니다.

매일 먹는 음식에 감사의 마음을 전하자.
음식에 감사할 수 있게 되면
자신의 몸에도 감사할 수 있게 된다.

먼저 자신의
체질을 파악하라

마라톤을 잘하는 사람, 100미터를 잘 뛰는 사람

친구와 똑같은 운동을 하고 있는데도 장거리는 내가 빠른데 단거리는 친구가 빠른 경우가 있습니다. 친구들과 축구를 하는데, 나는 전반전만 뛰고도 기진맥진인데 친구는 전반전과 후반전을 쉬지 않고 뛰고서도 전혀 지친 기색을 보이지 않는 경우도 있습니다.

물론 트레이닝 방법에 따라 이런 차이가 날 수도 있겠지만 그 이상으로 영향을 주는 것이 바로 유전적인 체질입니다. 나는 무엇을 하든 자기의 체질을 파악하는 게 중요하다고 생각합니다.

근육에는 두 가지 종류가 있습니다. 하나는 빨간 색깔의 근육을 뜻하는 적근赤筋이고, 다른 하나는 흰 색깔의 근육인 백근白筋으로 사람마다 어느 쪽이 우위에 있느냐에 따라서 운동 능력이나 특기를 결정하게 됩니다.

뼈를 지탱하면서 몸 전체를 움직이는 것은 골격근이라고 불리는 근섬유의 집합체인데, 근섬유에는 적근과 백근이 있어 이 두 가지가 섞여 들어가 있는 상태입니다.

적근은 지근섬유遲筋纖維, slow muscle fiber라고 불립니다. 보기에는 그냥 빨간 근육인데, 수축 속도가 늦지만 세포 활동에 필요한 에너지를 생산하는 세포 소기관인 미토콘드리아가 많기 때문에 효소를 대량으로 섭취할 수 있습니다. 따라서 적근이 우월한 사람은 장거리를 뛰기에 적합합니다.

반면에 백근은 속근섬유速筋纖維, fast twitch muscle fiber라 불리는데, 보기에는 그냥 하얀 근육으로 수축 속도는 빠른 데 반해 미토콘드리아의 수가 적어서 효소를 대량으로 섭취할 수 없습니다. 하지만 무효소 상태로도 수축 능력이 높아서 단거리를 뛰기에 적합합니다.

이를 두고 어느 한쪽의 근섬유가 우월하다, 열등하다고 말할 수는 없습니다. 사람의 활동에 어느 쪽이든 꼭 필요한 성질이기 때문입니다.

마라톤 경기의 거리는 42,195킬로미터인데, 2020년 3월 기준 세계신기록 보유자의 기록은 케냐의 엘리우드 킵초게Eliud Kipchoge 선수가 세운 2시간 1분 39초입니다.

이 기록은 17.29초마다 100미터씩을 쉬지 않고 뛰어 결승점에 도달했다는 것으로, 문자 그대로 인간의 한계에 도전한 대기록이라고 말할 수 있습니다.

그런데 이것은 100미터를 9.58초에 달린 우사인 볼트Usain St. Leo Bolt의 기록에 비하면 거의 두 배에 달하는 느린 기록입니다. 그런데 우사인 볼트에게 마라톤을 뛰라고 하면 엘리우드 킵초게의 기록을 능가할 수 있을까요?

꾸준한 운동이 필요하다

이것은 적근과 백근의 차이를 말해주는 좋은 사례이자 당신이 어느 쪽에 해당하는지를 생각해보게 하는 적절한 사례가 되기도 합니다.

우리 주변에는 남보다 순발력이 뛰어나서 문제의 답을 재빨리 찾아내는 백근의 소유자가 있는가 하면, 어떤 문제든

집요하게 물고 늘어지는 지구력이 뛰어나서 시간이 필요한 일에 큰 결과를 얻어내는 적근의 소유자도 있습니다.

좋은 회사는 이런 인재들이 두루 포진하고 있는 기업으로, 인재가 어느 한쪽에만 치우쳐 있는 곳이라면 반대쪽에 있는 근육을 가진 사람으로 채워야 더 나은 결과를 얻어낼 것입니다.

또 하나 예를 들어봅시다. 물고기는 붉은 살을 가진 것과 흰 살을 가진 것으로 나뉩니다. 붉은 살을 가진 어류는 육지로부터 먼 바다에서 장거리를 돌아다니는 생선입니다. 참치, 가다랑어, 고등어, 연어가 대표적인 붉은 살 생선입니다.

한편 흰 살을 가진 어류는 가까운 바다에서 비교적 짧은 거리를 돌아다니는 생선입니다. 도미, 대구, 명태, 광어, 우럭 같은 생선이 대표적인 흰 살 생선입니다.

운동시간으로 봤을 때 길고 짧고를 알 수 있는 것이 유전적인 근육의 성질에 의한 것이라는 점에서 물고기와 인간은 닮았다고 볼 수 있습니다.

문제는, 백근은 나이가 듦에 따라 줄어들기 쉬운 근섬유라는 점입니다. 연령이 많아지면 곧잘 넘어지곤 하는데, 이는 순발력의 근원이 되는 백근이 줄어들기 때문입니다.

당신은 어느 쪽입니까? 문제가 생기면 누구보다 기민하게 움직여서 해답을 찾는 편입니까? 아니면 남보다 조금 늦더라도 정확한 문제 발생 이유와 해결책을 꾸준히 찾아내는 편입니까?

나이가 들어서 낙상 사고 같은 불의의 사고를 피하기 위해서는 적당한 운동이 필요하듯이 꾸준한 운동이 자신의 근육의 활성화에 도움이 된다는 사실을 잊지 마십시오. 자신의 몸을 위하고 자신의 정신력을 아끼는 사람은 한시도 이런 사실을 잊지 않습니다.

✳

항상 꾸준한 운동으로 몸의 활기를
잃지 않으려고 노력하는 사람이야말로
자기 자신을 좋아하는 전형적인 모습이다.

함부로 자기 몸을
혹사하지 마라

왜 그렇게 무리하게 자신을 채찍질하는 것일까?

요즘은 누구나 자기가 좋아하거나 남이 추천해주는 스포츠 하나쯤을 선택해서 열심히 몸을 단련합니다. 건강을 유지하기 위해 적당한 운동이 좋기는 하겠지만 그렇다고 거기에 지나치게 몰입할 필요는 없다고 생각합니다.

의사로서 단적으로 말하는데 운동과 스포츠는 완전히 별개입니다. 운동이란 몸의 기능을 유지하기 위한 동작인 반면에 스포츠는 타인과 경쟁해서 승패를 나누기 위한 것입니다. 따라서 우리에게 먼저 필요한 것은 몸을 건강하게 만드는 운동입니다.

생체의학자들은 일반인들에게 신체에 과도한 부하를 걸

게 되는 격한 장거리 뛰기보다는 가벼운 조깅이나 걷기운동을 추천하고 있습니다. 정기적으로 집 주변을 산책해도 우리에게 필요한 운동량의 상당 부분을 채울 수 있다는 뜻입니다.

물론 다른 사람과 경쟁을 하거나 게임 감각을 즐기기 위해 스포츠에 몰두하는 게 나쁠 것은 없지만 도가 지나치지 않도록 항상 유념할 필요가 있습니다.

젊을 때는 신체의 회복력이 빠르기 때문에 웬만큼 무리를 해도 영향을 받지 않지만, 나이가 듦에 따라 몸은 조금만 격한 작동에도 과도한 부하를 받게 됩니다. 언제까지나 젊게 살고 싶은 것이 사람의 마음이기는 하지만 장년기 이후부터는 몸의 소리에 귀를 기울여야 합니다.

얼마 전 내가 사는 마을에서 고령의 남자들이 뻘뻘 땀을 흘리며 축구시합을 하는 걸 본 적이 있습니다. 축구는 매우 격렬한 스포츠입니다. 더구나 상대 팀과 경쟁을 해야 하는 만큼 무심결에 자기의 에너지 이상으로 무리하게 됩니다. 이것이 사고로 이어지면 치명적인 결과로 이어질 수 있습니다.

나는 강의에서 적당한 운동법에 대해 설명할 때는 반드시 이런 말을 덧붙입니다.

"운동하기 위해 움직일 때 숨이 차지 않는 속도가 중요합니다. 여러분도 횟수나 속도에서 숨이 차지 않는 경계선이 어디인지 발견해서 운동을 하기 바랍니다. 이런 것들은 몸 상태에 따라 매일 바뀌기 때문에 꼭 유념하기 바랍니다."

만약 빠른 시간 내에 숨이 차버리는 사람이라 해도 그의 몸은 바로 그 지점에서 정신적으로나 신체적으로 충분히 만족감을 얻을 것입니다.

자신을 좋아하기에 함부로 대하지 않는다

거리에 대해서는 개인차가 있습니다. 그러니 몇 킬로미터를 달려야 할 것인가, 몇 킬로미터를 헤엄칠 것인가, 이런 식으로 숫자에 사로잡힐 필요가 전혀 없습니다.

숨이 턱까지 차올라 한참이 지나서야 진정이 되는 시간이나 거리에 도달하면 그것은 자신의 한계를 넘었다는 신호입니다. 또 중요한 것은 스스로 정한 거리나 속도, 횟수가 있더라도 몸 상태가 나쁘면 당장 그만두어야 한다는 것입니다. 목표로 설정한 게 있다고 해도 절대적인 것은 아니기 때문이고, 몸에 해악을 끼치면서까지 운동을 해야 하는 이유는 어디에도 없기 때문입니다.

격렬한 운동에 빠지면 체내에 활성산소가 대량으로 발생합니다. 활성산소는 노화나 다양한 질병을 일으키는 원인이 되는 물질로, 전문가들은 활성산소에 대해 이렇게 설명합니다.

"정상적인 산소는 체내에서 약 100초 이상 머무르지만, 활성산소는 불안정하기 때문에 100만분의 1초 내지는 많게는 10억분의 1초 동안 생겼다가 삽시간에 사라진다. 그럼에도 활성산소는 반응성이 매우 강력해서 세포막을 공격해서 세포의 기능을 상실시키거나 DNA 손상을 유발한다. 이렇게 활성산소는 세포의 신호 전달 체계를 망가뜨리거나 면역력을 저하시키므로 당뇨병, 동맥경화, 암 등을 유발하고 세포의 재생을 차단하기 때문에 노화를 촉진시킨다."

그럼에도 불구하고 지금 만약 심하게 숨이 찰 정도의 운동을 하고 있다면, 운동이 끝난 후에 오랫동안 안정을 취하고 반드시 햇빛을 충분히 쬐어야 합니다.

이때 체내에는 멜라토닌melatonin이라는 호르몬이 생산되어 건강 회복에 도움을 줍니다. 성장호르몬과 마찬가지로 인체에 매우 중요한 멜라토닌은 면역력을 향상시키고 활성산소 등의 유해물질을 제거해주기도 합니다.

나는 장년기에 들어선 사람들에게 축구나 마라톤 같은 격렬한 운동보다는 적당한 움직임, 적당한 수면, 적당한 식사가 더 보약이라고 말해줍니다.

자기 연령에 걸맞은 운동을 하되 숨이 차서 헐떡거릴 정도로, 나아가 근육에 무리가 갈 정도로 과격한 운동을 하는 건 반드시 피하기 바랍니다. 자기 자신을 진심으로 좋아하는 사람은 자기 몸을 절대로 혹사시키지 않는다는 사실을 잊지 말기 바랍니다.

❋

정기적으로 집 주변을 산책만 해도
우리에게 필요한 운동량의 상당 부분을 채울 수 있다.

숫자나 기록으로
자신을 속박하지 마라

⌣

스스로 한계를 지어 구석에 몰아넣다

젊은 사람은 무엇을 하든 항상 어제의 자신을 떠올리면서 '옛날에는 이랬는데, 그래서 앞으로도 계속 그렇게 하고 싶다'고 생각하며 무리하는 경우가 많습니다.

자기 안에 항상 도사리고 있는 그런 욕심이야말로 진짜 건강의 적입니다. 그런 마음이 자기 몸을 점점 가혹하게 대하도록 만들고, 그러다 엄청난 사고의 원인으로 작용하기 때문입니다.

그런 감정은 왜 생길까요? 오늘을 사는 사람들은 대부분 '경제적 인간'으로 존재하기에 눈에 보이는 분명한 결과를 내지 않으면 찜찜하게 여깁니다. 결과주의, 실적주의에 속박되어 자신을 채찍질한다는 뜻입니다.

장년의 나이가 된 나는 젊었을 때 자주 오르던 산에 도전하면서 예전의 30% 정도만의 매우 느릿한 속도를 내며 걷습니다. 젊었을 때와는 달리 날씨가 조금이라도 나쁘면 아예 도전하지도 않습니다.

등산을 하다 보면 어떤 사람은 숨을 헐떡거리면서 오르는 것을 보게 됩니다. 왜 그렇게 속도를 내야 하는 것일까요? 그 사람은 어쩌면 자기가 정한 시간 내에 정상에 올라야 한다는 목표를 설정해놓고 있는지도 모릅니다.

산은 오를 때보다 내려갈 때가 더 위험하다는 말이 있는데, 하산하면서 엄청난 속도로 걸음을 재촉하는 사람이 있습니다. 왜 그렇게 위험한 행동을 하는 것일까요?

얼마 전 마라톤대회 풀코스에 도전한 40대 직장인이 골인 지점 1,000미터를 남기고 갑자기 쓰러졌다고 합니다. 마라톤 풀코스를 힘들게 주파하고서 겨우 1킬로미터 남기고 숨이 끊어지다니, 정말 안타까운 일이었습니다.

나는 그 말을 듣고 단번에 그의 상태를 알아차렸습니다.

마라톤대회에서 심장마비 같은 돌발사고가 가장 빈번하게 일어나는 경우는 출발하고 5분 내외, 그리고 골인 지점을 5분 정도 앞두었을 때입니다.

출발점을 막 달려 나가 마라톤의 긴 여정을 시작한 사람은 기분이 한껏 들뜬 나머지 처음 몇 킬로미터를 자신의 능력치 이상으로 힘껏 달리게 됩니다. 심장은 아직 그 같은 과부하를 견딜 준비가 안 되어 있는데 갑자기 격한 압박을 가하면 어떻게 될까요?

골인 지점을 앞둔 경우도 마찬가지입니다. 저 멀리 보이는 결승점과 구름 인파에 흥분하면 갑자기 아드레날린이 분출되어 더욱 속도를 내어 달리게 됩니다. 그렇지 않아도 심장은 과부하로 인해 터질 것 같은데 갑자기 강력한 압박을 가하니 견딜 수가 없습니다.

무리한 자기만족이 몸을 망친다

사실 마라톤 풀코스를 달리거나 높은 산을 오르는 것은 일상적인 일이 아닙니다. 보통 사람들이 평범하게 움직이는 공간이 아니기에 무슨 일이 생겨도 이상하지 않습니다.

이런 사고의 가장 직접적인 이유는 '숫자'입니다. 풀코스를 얼마큼의 시간 내에 주파하겠다는 결과주의, 산을 얼마큼의 시간 내에 오르겠다는 자기만족이 자신을 망치는 결과를 낳는 것입니다.

마라톤이나 등산에 한해서만이 아닙니다. 우리의 직업 세계에서도 이런 일은 얼마든지 발견할 수 있습니다. 어떤 일을 하더라도 최대의 숫자나 최초의 기록 같은 목표가 사람을 망칩니다. 파스칼Pascal은 이런 말을 남겼습니다.

"무엇이나 풍족하다고 해서 좋은 것은 아니다. 더 바랄 게 없을 정도로 풍부하다고 해서 그만큼 기쁨이 큰 것은 아니다. 부족한 듯한 여백, 그것이 도리어 행복의 샘이 된다."

숫자나 기록으로 자신을 속박하지 말라는 말은 자기 삶에 조금 부족한 듯한 공간을 만들어두라는 뜻이기도 합니다. 에베레스트 최정상을 올라가는 것만이 등산이 아니듯이 100% 꽉 찬 충만이 답은 아닙니다.

로마의 철학자 에픽테토스Epictetus는 '더 많이 가질수록, 더 많이 원할수록 무엇을 바라는 마음은 점점 커질 것'이라고 말합니다. 자기가 설정한 숫자의 함정에 빠져 허우적대는 당신이 되지 말기를 바랍니다.

그러기 위해 필요한 것이 역시 '여백'입니다. 여백이란 종이 전체에서 그림이나 글씨 같은 내용이 없이 텅 비어 있는 부분을 가리키는데, 우리 마음에도, 나아가 우리 삶에도 이런 공간이 있어야 한다는 것입니다.

한 미술전문가는 실력이 부족한 미술가일수록 그림을 꽉 채우려고 한다고 말했습니다. 이와 마찬가지로 아마추어 작가일수록 진부하고 구구한 설명으로 가득한 작품을 씁니다. 반면에 능력 있는 작가는 간결한 문장에 더 많은 의미를 함축한 표현을 씁니다. 오늘날 진짜 행복을 위해서는 채움보다 비움이 더 많이 환영받는 것처럼 당신의 삶에도 충분한 여백을 마련해두고, 거기에 자기다운 삶의 씨앗을 뿌리기 바랍니다.

✳

더 많이 가질수록, 더 많이 원할수록
무엇을 바라는 우리의 마음은 점점 더 커질 것이다.

무엇인가 없으면,
무엇인가 있다

자존감을 망치는 원흉

우리에게는 반드시 무엇인가가 없으면 무엇인가가 있습니다. 나는 클래식을 자주 듣는데, 사실 어린 시절부터 내게는 음악에 대한 동경이 있었습니다. 하지만 출중한 재능은 아니어서 그저 먼발치에서 연주자들을 보며 예술적 정취를 나누었을 뿐입니다.

하지만 그 덕분에 '듣는 귀'가 특화될 수 있었습니다. 절대음감까지는 아니라도 연주자의 수준이나 예술성을 비교하면서 들을 정도가 된 것입니다.

음악을 계속 공부하는데도 좀처럼 실력이 늘지 않아서 괴로워하는 사람들을 많이 봐왔습니다. 한 분야에 오래 심취해서 지내다 보면 그 분야에 대한 식견이 쌓여서 전문가 이상의 능력이 생깁니다. 그들 역시 어딘가에서 전환점을 발견한다면 마음이 편하지 않을까 싶습니다.

프로가 되어 만인의 스포트라이트를 받는 것도 좋지만 장외의 아마추어들에게도 이점은 분명히 있습니다. 그 어떤 제약도 없기에 자기만의 공간 안에서 자유롭게 빠져들 수 있습니다. 그렇게 해서 생긴 충족감은 꼭 무엇이 되어 살아가는 것보다 뒤질 게 없다고 생각합니다.

속박도, 제약도 없이 자유롭게 자신을 놔두는 것이야말로 진짜 자존감을 지키는 행동입니다. 어떤 목표를 향해 자신을 다그치는 일이나 얼마큼의 목표를 달성하지 못했다고 심하게 자책하는 일이야말로 자존감을 망치는 원흉입니다.

무엇인가 없으면 무엇인가 있다고 했습니다. 현재 가지고 있는 무엇인가에 애착을 가지고 집중하며 살아갑시다. 음악가가 되지 못하고 듣는 귀를 발전시킨 나처럼 지금의 나에 만족합시다.

그렇다고는 해도 미리 포기할 필요는 없습니다. 자기가 좋아하는 분야에 입문하는 것에는 나이가 필요 없습니다. 내가 아는 분은 65세 때 어릴 적 취미였던 그림 그리기에 빠져 열심히 미술작업에 전념했는데 10년 뒤인 75세 때 개인전을 열어 호평을 받았다고 합니다.

50대 후반에 글쓰기 공부를 시작한 어떤 분은 수없이 많은 습작을 써내려간 끝에 68세 때 역사 기행의 경험을 담은 여행서적을 발표하여 갈채를 받기도 했습니다.

결핍보다 무서운 것

우리 눈에 이런 사람들은 창의성이 있어 보이고 남다른 능력 또한 갖춘 것처럼 생각됩니다. 창의성이란 무엇일까요? 우리가 그토록 갖고자 하는 창의성에 대해 스티브 잡스 Steve Jobs는 이렇게 말하고 있습니다.

"창조성이란 여러 가지 것들을 연결하는 것뿐이다. 창의적인 사람들에게 어떻게 그런 일을 할 수 있었느냐고 물어보면, 그들은 약간의 죄책감을 느낀다. 그들이 실제로 한 일은 별로 없기 때문이다. 그들은 뭔가를 보았을 뿐이다. 얼마의 시간이 지난 후에 그것은 그들에게 분명하게 보이기 시작했다. 그래서 그들은 자신의 경험들을 하나로 연결하여 새로운 것을 합성할 수 있었던 것이다."

지금 스스로를 돌아보십시오. 오래전에 당신은 어쩌면 있는 것보다 없는 것이 더 많은 자신을 싫어했을지 모릅니다. 남보다 훨씬 뒤처진 발걸음으로 현실의 밑바닥을 헤매고 있는 자신을 한심하게 여겼을지 모릅니다.

그 때문에 당신에게 있는 것, 남보다 잘하는 것을 과소평가하며 자신을 무시하지 않았나요? 성공을 꿈꾸는 사람들에게 결핍보다 무서운 것은 자기 자신을 무시하는 태도임을 지금은 깨달았나요?

이제 당신이 해야 할 일은 자신에게 있는 것을 찾아내어 키우고 또 키우는 일입니다. 스티브 잡스가 말하는 경험의 합성에 주목하면 됩니다. 제발 자신에게 없는 것 때문에 애태우지 말아야 합니다. 있는 그대로의 자신을 사랑하는 당신이 진짜 승리자입니다.

✳

성공을 꿈꾸는 사람들에게 결핍보다 무서운 것은
자기 자신을 깔보고 무시하는 것이다.

조금은 대충인
인생이라도 괜찮다

너무 조급하게 자신을 몰아세우지 마라

사람들은 '노화'라면 생각하기도 싫은 듯이 배척하는데, 나는 나이를 먹는 일이 그렇게까지 나쁜 것인지 묻고 싶습니다. 나이 듦에 따라 동반되는 몸의 현상은 그렇게까지 애쓰며 살아왔다는 흔적이기에 결코 부끄러운 일이 아닙니다.

도구도 자주 사용하다 보면 여기저기 고장이 나는 것처럼 사람도 노력해왔기에 상처 나거나 녹이 슬거나 한 것입니다. 따라서 나이 들어서 할 수 없는 일이 늘어나거나 뭔가에 서투르게 대응하거나 즐기지 못하게 되는 것은 지극히 자연스러운 현상입니다.

당신이 할 일은 온갖 어려운 고비를 넘어 여기까지 달려

온 작은 몸뚱이를 칭찬하고 응원하면서 안아주는 것입니다. 돈이 들어가는 일도 아닌데, 시간을 낭비하는 일은 더욱 아닌데, 우리는 왜 이렇게 자기 자신에게 인색할까요?

이제 생각을 바꿉시다. 20대에 팔굽혀펴기를 100회씩 해냄으로써 성취감을 높였다면, 그로부터 많은 세월이 지난 지금은 아마 50회 정도만 해도 숨이 찰지 모릅니다. 그렇다면 그것을 한계치로 하고 30회 정도가 몸에 적당할지 모릅니다.

한창때는 몇 킬로미터를 걸어도 지치지 않았는데 이제는 거기까지 가려면 몇 번을 쉬어야 합니다. 이런 때는 자신도 모르게 한숨을 내뱉게 됩니다.

자신의 체력에 대한 무력감, 그동안 꾸준히 체력관리를 하지 못해온 게으름에 대한 한탄까지 더해서 온갖 부정적인 감정들이 소용돌이칩니다.

그러나 이렇게 생각해볼 수도 있지 않을까요? 짧은 시간이나 적은 횟수로 몸이 한계를 느끼는 수준까지 해냈다면 시간적으로 절약을 한 것입니다.

젊었을 때는 누군가에게 지시를 받는 느낌으로 스킬을 올리는 결과주의에 매몰되는 경향이 있었습니다. 하지만 조금 나이가 들어서는 누군가의 명령을 받을 필요가 없습니다. 자유롭게 내 의지대로 움직일 수 있습니다.

그러니 나이가 들어서 뭔가를 할 수 없게 되더라도 '뭐 어때? 이것 또한 내 모습인걸!' 하면서 속 편하게 현실을 받아들입시다. 그러면 마음도 편하고, 그런 자신을 예전보다 더 편안한 눈으로 바라볼 수 있게 될 것입니다.

너무 조급하게 자신을 몰아세우지 맙시다. 조금 적당하게 살아가는 '대충'의 인생도 문제 될 건 없습니다. 40대, 50대가 되었어도 지금보다 더 출세해야겠다고 자신에게 채찍질을 한다면 결국 망가지는 것은 자신의 몸과 마음뿐입니다.

자신을 너무 과대평가하지 말자

사람마다 자기만의 체질이 있듯이 능력의 용량도 다릅니다. 누가 부동산 투자로 큰돈을 벌었다고 해서 그 일이 자기에게도 일어나리라고 생각하지 맙시다.

어떤 사람이 식당을 개업한 지 1년 만에 전국적인 명성을 얻는 맛집으로 유명해져서 날마다 문전성시를 이루고 있다면, 그것은 그 사람의 능력이고 운이지 당신도 그렇게 되리라는 보장이 없습니다.

한때 젊은이들 사이에 주식 광풍이 몰아쳤던 적이 있습니다. 이런 일은 주로 기성세대가 만들어놓는 불편한 현상으로 뭣도 모르는 젊은이들이 부화뇌동하는 경우가 많습니다.

그러나 나는 이 나이가 되도록 살면서 주위 사람들 중에 주식으로 큰돈을 벌었다는 사람을 본 적이 없습니다. 그렇다는 것은 주식은 특별한 사람을 제외하고는 인생을 걸고 도전할 만한 일은 아니라는 뜻일지 모릅니다.

중요한 일은, 나보다 앞서가는 사람들과 나를 대등하게 여기지 말아야 한다는 것입니다. 그렇게 되면 더 탁월한 성과를 내지 못하는 자신을 매몰차게 대하면서 자기비하의 길로 들어서게 됩니다.

이 책에서 나는 시종일관 자신을 과소평가하지 말라고 말하는데, 그것만큼 나쁜 것이 과대평가입니다. 100점 만점에 100점을 받는 사람은 없습니다. 저마다 모자람과 부족함을 안고 살아가는 우리입니다.

이 장의 제목인 '조금은 대충인 인생이라도 괜찮다'는 의미는 자족의 중요성을 강조하기 위한 말인데, 고대중국의 철학자 노자는 《도덕경》에 이런 말을 남겼습니다.

"만족을 알면 욕됨이 없고 멈춤을 알면 위태로움이 없어 가히 평안하게 오래 살 수 있다."

모든 일에 자기 분수를 알고 만족하면 남에게 모욕을 받을 일이 없다는 말입니다. 당연히 대충 일을 해서는 안 됩니다. 그러나 살면서 욕망의 한계에 적당한 한계선을 긋는 것은 중요합니다. 자기 자신을 좋아하는 사람은 그렇게 합니다.

✻

만족을 알면 욕됨이 없고
멈춤을 알면 위태로움이 없어
평안하게 오래 살 수 있다.

속박도, 제약도 없이 자유롭게
자신을 놔두는 것이야말로
진짜 자존감을 지키는 행동입니다.
어떤 목표를 향해 자신을 다그치는 일이나
얼마큼의 목표를 달성하지 못했다고
심하게 자책하는 일이야말로
자존감을 망치는 원흉입니다.
무엇인가 없으면 무엇인가 있다고 했습니다.
현재 가지고 있는 무엇인가에 애착을 가지고
집중하며 살아갑시다.

제2장

자신이 싫어해도
몸은 나를 좋아한다

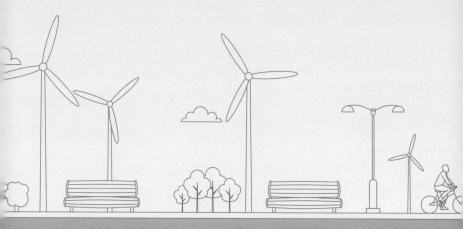

자신을
돈의 노예로 만들지 마라

나에게 필요한 돈은 얼마일까?

최근에는 '어느 정도 돈이 있어야 평균 이상의 삶을 꾸려나 갈 수 있을까?' 같은 이야기를 흔히 듣게 됩니다. 원래 평균적 인 삶이라는 정의 자체가 애매하기 짝이 없는 표현인데, 이런 식으로 미디어가 앞장서서 보통 사람들의 호주머니 사정을 이야깃거리로 만들면 누구라도 불안에 빠지게 됩니다.

이런 쓰레기 정보들이야말로 스트레스의 원흉입니다. 대부분 자기의 처지를 평균적인 삶이라는 수준보다 낮게 잡게 마련이어서 답답한 현실에 속이 상하기 때문입니다.

우리는 금전적으로 문제가 없는 삶이 편안할 거라고 생각하지만, 돈을 많이 가진 사람일수록 더 큰돈을 원하게 되는 법입니다.

인간의 욕망에는 한계가 없습니다. 그것이 인간의 특성이 기도 하지만, 동시에 고통의 원인이 되기도 합니다. 잠시 멈춰 서서 주변을 돌아보거나 무거운 삶의 짐을 내려놓고 크게 한숨을 한 번 내쉬면 조금의 여유가 생길 텐데도 그러지 못하고 줄기차게 앞으로 달리기만 하니 부작용이 생길 수밖에 없습니다.

욕망에 브레이크를 걸어서 멈추게 하는 것도, 욕구의 방향을 바꾸도록 핸들을 꺾는 것도 오로지 자기 자신만이 작동할 수 있습니다. 이 시스템이 망가지면 인생은 방향을 잃고 어디인지 모를 곳을 향해 맹렬한 속도로 달리기만 할 것입니다.

돈은 단지 수단이지 목적이 아니라는 전제가 무너져버려서 밑바닥이 보이지 않는 욕망의 구렁텅이 속으로 빠져든 사람을 나는 살면서 꽤 많이 보아왔습니다.

돈은 자기표현의 자본이자 무슨 일을 할 때의 원자재가 됩니다. 자기표현은 돈이 없어도 할 수 있지만, 문제는 조금 더 많을수록 선택사항을 늘릴 수 있다는 점입니다.

그런데 '조금 더'라는 범위가 점점 확대되어 자기 능력으로는 도저히 가능하지 않은 선을 넘어버리면 이때부터 문제가 복잡해집니다. 돈이라는 원자재는 한계가 있는데, 욕망이 불꽃처럼 일어나면 말 그대로 요원의 불길처럼 모든 것을 불태워버릴 수 있습니다.

돈의 노예로 사는 고통

확실히 뭔가를 하면서 돈이 더 많으면 선택사항이 훨씬 늘어날 것입니다. 좋아하는 물건을 자유롭게 손에 넣을 수 있는 쾌감은 맛본 사람만이 느낄 수 있는 행복일 것입니다.

하지만 그것이 이미 돈에 집착하고 있는 상태임을 본인은 인식하지 못합니다. 집착은 마음의 여유를 빼앗는 도둑으로 악명이 높은데, 나는 이로 인해 정신적인 고통을 호소하는 사람을 많이 보아왔습니다.

마음의 여유는 돈으로는 절대 채울 수 없습니다. 억만장자들에게 소유하고 있는 돈만큼 마음까지 자유로우냐고 물으면 대부분 고개를 가로저을 것입니다.

이런 모습은 사람이란 뭔가를 갈망하고 있는 동안은 계속 그것의 노예 상태임을 보여주는 명백한 그림입니다. 돈이 나쁜 건 아니지만 너무 거기에 얽매여서 모든 것을 돈의 잣대로 해석한다면 이보다 비참한 일도 없을 것입니다.

그렇다고 무일푼 인생인데 뭐 그리 자랑이라고 함부로 떠들어대는 것도 좋아 보이지 않습니다. 이런 사람 역시 다른 형태의 돈의 노예일 뿐입니다.

돈은 그저 지금의 자신이 지향하는 삶에 걸맞게 뒷받침을 해주는 도구로 생각하면 마음이 편합니다. 돈이란 열심히 살다 보면 나중에 저절로 따라오는 것이라고 생각하면 됩니다. 아예 돈 따위는 포기하고 살라는 말이 아닙니다. 더 많은 돈을 꿈꾸는 일은 당연하지만, 노예가 되어 발이 꽁꽁 묶이는 일은 없어야 한다는 뜻입니다.

✳

돈의 욕망이 불꽃처럼 일어나면
들판에 번지는 불길처럼 모든 것을 불태워버릴 수 있다.

오래전에
좋아했던 것을 찾아보라

나의 원점으로 돌아간다는 것

내가 환자들에게 권하는 '마음을 자유롭게 하는 방법'이 하나 있습니다. 그것은 바로 예전에 좋아했던 것을 찾아보라는 당부입니다. 가령 어릴 때 그림 그리기를 좋아했는데, 어른이 되어 힘들게 살다 보니 어느 순간 까맣게 잊어버리고 말았다고 털어놓는 사람들이 있습니다.

어릴 때 농구를 좋아해서 열심히 연습하며 실력을 키웠는데, 집안 사정으로 인해 다른 고장으로 이사를 했고 거기엔 농구를 좋아하는 아이들이 별로 없어 그만 흐지부지되고 말았다고 말하는 사람도 있습니다.

나는 소년 시절에 살았던 고향집 주변에 펼쳐진 자연 풍경을 정말 좋아했습니다. 그 시절의 모든 추억은 들판을 걷고 산을 오르는 일로 가득 차 있을 정도입니다.

지금도 자주 등산을 떠나는 것은 바쁜 일상 속에서도 잠시 나에게 여유를 주고 싶기 때문이고, 자연을 감싸고 있는 신선한 공기를 맘껏 들여 마시면서 내 마음 구석구석에 들어차 있는 생활의 때를 씻어내기 위해서입니다.

나는 사적으로나 공적으로 전국을 여행할 때가 많은데 이동수단은 기본적으로 기차입니다. 열차를 탔을 때의 그 흔들거림이 내 몸에 전하는 울림은 뭐라고 표현할 수 없는 행복감을 느끼게 합니다.

그때마다 나는 쏜살같이 흐르는 차창 밖 풍경을 크로키를 그리듯이 빠른 속도로 스케치합니다. 언젠가부터 나는 연말이 되면 이렇게 스케치한 작품을 친지들에게 신년 인사장으로 보내곤 합니다.

사람들에게 '오래전 옛날에 좋아했던 것'을 꼭 찾아보라고 하면, 그들은 무슨 말인지 몰라 고개를 갸웃거립니다. 그럼 내가 이렇게 말해줍니다.

"그것은 자신의 원점으로 돌아간다는 의미에서 중요하니

다. 그때 왜 그렇게 그 일을 좋아했는지 깨닫는다면, 지금의 삶에 활기를 불어넣을 수 있지 않을까요?"

나한테 그런 말을 듣고 '나는 영화를 좋아했었다, 밴드를 했었다, 역사를 좋아해서 유명한 사찰이나 명소들을 둘러보러 다녔다' 등 다양한 주제를 거론하며 미소를 머금는 사람들이 많습니다.

하지만 지금은 직장생활이나 비즈니스에 쫓겨, 아니면 집안일을 하느라 너무 바빠서 할 수 없다고 말하면 나는 분명한 어조로 말해줍니다. 그건 핑계일 뿐이라고 말입니다.

세상이 정해놓은 법칙에 속박되면

내게 이런 내용의 강의를 들은 건축가는 바쁜 일상 속에서도 하루에 1시간씩 짬을 내어 십자수에 몰입한다고 했습니다. 건장한 체격의 중년남자가 십자수라니, 처음엔 의아했지만 그의 말을 듣고 보니 이해가 갔습니다.

1남 5녀 대가족의 막내로 자란 그는 어린 시절에 누나들이 십자수나 퀼트 같은 수공예품을 만드는 걸 보며 어깨너머로 기술을 배웠다고 합니다. 그런데 열 살 무렵부터 가족들이 그의 섬세한 솜씨에 깜짝 놀랐다고 합니다. 누나들보다 훨씬 더 예술적이고 탁월한 작품을 만들어냈기 때문입니다.

그래서 소년 시절 한때는 자신의 손재주를 이용해서 어른이 되면 도예가나 공예품을 만드는 장인이 될까 생각했다고 합니다.

그는 지금 유명한 건축가가 되었지만 비즈니스에 휩싸여 살면서 지치고 외로울 때마다 한동안 잊고 있었던 '어릴 적 좋아했던 것'에 몰입함으로써 다시 생명력을 되찾는다고 합니다.

내가 아는 기업가 한 분은 어린 시절의 취미가 발명이었다고 합니다. 그래서 중고교 시절에 자기만의 비밀노트에 발명 아이디어들을 많이 적어놓았는데, 나이 50이 넘은 지금 집 안에 작은 방을 만들어놓고 노트에 있는 아이디어들을 현실로 만들기 위해 노력한다고 했습니다.

물론 내용 중에는 너무 유치해서 지금은 쓸모없는 아이디어도 있지만, 개중에는 조금만 노력하면 좋은 발명품이 될 만한 소재도 있었다고 합니다. 그러나 그분은 말합니다. 좋은 발명품이 문제가 아니라 어떤 일에 몰두해서 자신을 쏟아내는 것이 정말 좋고, 그 덕분에 살아 있다는 생명감을 느낀다고 말입니다.

여기서 핵심은 자기 자신에게 초심을 찾아주라는 것입니다. 세상이 정해놓은 법칙에 속박된 나, 경쟁사회에서 살아남기 위해 발버둥 치느라 잃어버린 초심, 사람들에 치여 지쳐버린 몸과 마음을 비집고 들어가 그 안에 있는 초심에 손을 내밀라는 뜻입니다.

세상이 나에게 강요하는 모든 악조건을 뿌리치고 원래의 나로 되돌리는 방법은 한 발짝 물러나 오래전의 나를 발견하는 일입니다. 그런 의미에서 내가 예전에 좋아했던 것을 되찾아 흠뻑 빠져보는 것도 좋은 방법일 것입니다.

세상의 속박을 제거하고 원래의 나로 되돌리는 방법은
한 발짝 물러나 오래전의 나를 만나보는 여유에서 나온다.

만날 때마다 시간을
빼앗긴다는 느낌이라면

마음이 편안하다는 감각에는

인간관계에 관한 수많은 이론이 있고 경험담에 따른 교훈이 있지만, 나는 '그 사람과 같이 있으면 마음이 편하다고 느낀다'는 것이 인간관계의 핵심이라고 생각합니다.

이건 사실 매우 온당한 원리입니다. 하나의 작은 조직 안에서도 갈등이 생기는 이유는 어느 쪽과 다른 한쪽의 마음에 균열이 생겼기 때문입니다. 그런 상황은 당연히 인간관계에도 금이 가게 됩니다.

'마음이 편안하다'는 감각에는 공통요소가 있습니다. '이해관계가 없다, 시간감각이 맞다'의 두 가지로, 이 조건을 만족시키는 사람과 함께 있으면 자연스레 소통의 채널이 생겨 마음이 잘 맞게 됩니다.

어릴 적 친구들을 생각해보십시오. 여러 명의 친구들 중에서 유별나게 마음이 통하는 아이가 있는가 하면 왠지 벽 같은 게 느껴져서 다가가기 힘든 아이도 있습니다. 어린 시절에도 이럴 정도이니 어른이 되어 이해관계까지 얽히게 되면 갈등과 반목이 당연해집니다.

이해관계가 없으면 서로 요구할 일이 없으니 함께 있는 공간의 에너지가 청량합니다. 감정적으로 다툼이 없기 때문에 공기가 탁해지지 않습니다.

이런 관계는 학생 시절의 친구가 평생을 가는 이유이기도 하고 사회에 나와 직장에 다니거나 사회생활을 하면서 처음 만난 이성이 결혼 상대자가 되는 이유이기도 합니다.

그런가 하면 몇 마디 나누지 않아도 죽이 척척 맞는 사람, 언제 어느 때든 편하게 대할 수 있는 사람, 묘하게도 자주 같은 공간에서 자꾸 마주치는 사람……. 이런 사람끼리는 어느 쪽이든 시간의 감각이 잘 맞아떨어지기에 어깨를 나란히 할 수밖에 없게 됩니다.

모든 인간관계가 이렇게 이해관계가 없고 시간 감각도 맞아떨어진다면 좋겠지만 그렇지가 않기에 불협화음이 생기고 갈등도 표출됩니다.

시간이 아깝다는 상실감

어릴 때 자주 다퉜던 친구, 첫 직장생활 때 이상하게 코드가 맞지 않아 번번이 갈등했던 동료, 우연히 만나 연애를 시작했지만 어찌 된 까닭인지 만날 때마다 티격태격 싸우게 되는 연인…….

이 모든 인간관계는 앞에서 말한 두 가지 공통분모에서 낙제점을 받았기 때문으로, 이렇게 만나고 돌아설 때 어쩐지 시간을 빼앗겼다는 느낌에 사로잡히게 된다면 평생을 함께 가는 관계로 완성될 수 있을지 고민해봐야 합니다.

여기 두 사람의 연인이 있습니다. 동호인 모임에서 만난지 1년 정도 되었는데, 처음부터 서로 호감을 느껴 금세 연인 사이가 되었습니다.

하지만 여자는 언젠가부터 뭔가 마음에 꺼림칙한 것을 느끼게 되었습니다. 그것은 뭐랄까, 친밀하게는 지내지만 매번

헤어지고 나면 시간을 빼앗겼다는 상실감을 느낀다는 점이었습니다.

알고 보면 친구 사이에도 이런 식의 인간관계들이 의외로 많아서 뭔가 분명한 문장으로 표현하지는 못하지만 헤어질 때마다 왠지 모르게 시간을 빼앗겼다는 상실감을 느끼는 경우가 있습니다.

당신도 그런 인간관계가 있다면 반드시 의문부호를 붙여봐야 합니다. 그것은 당신에게 도움이 되지 않는다는 위험신호이자 불길함을 알리는 경고음이기 때문입니다.

이를 반대로 해석하면, 당신도 주위 사람의 시간을 빼앗는다는 인상을 주는 사람이 되지 말아야 한다는 교훈을 줍니다. 지식이든 정보든 뭔가 작은 것 하나라도 보탬이 되는 사람이 되어야 합니다.

내가 가진 것을 나눠주고 채워주는 사람과의 인간관계에서 갈증을 느끼는 경우는 없습니다. 나는 당신이 그런 사람이기를 진심으로 바랍니다.

이번 장의 핵심은 자기 스스로가 남에게 '시간 상실감'을 주는 사람이 되지 말라는 것입니다. 만나는 사람마다 당신에 관한 이야기가 나오면 고개를 흔들며 '그 친구와 만나면 시간을 빼앗겼다는 느낌이 들어!'라고 말하게 된다면 당신의 인간관계는 이미 낙제점을 받고 있다는 신호입니다.

무엇을 어떻게 해야 할까요? 너무 자기만 생각하는 이기주의자가 아니었는지 고민해야 합니다. 너무 내 것만 고집하지는 않았는지 살펴봐야 합니다. 남들과 어울리면서 배려나 이해보다 아집이나 독선으로 일관하지는 않았는지 돌아봐야 합니다.

자기 자신을 좋아한다는 말을 곡해해서 모든 일에 자기 자신만이 우선이라고 고집한다면 그런 사람에게는 모든 사람이 등을 돌리게 된다는 점을 잊지 말아야 합니다.

＊

내가 가진 것을 나눠주고 채워주는 사람과의 인간관계에서 갈증을 느끼는 경우는 없다.

일상을 차곡차곡
기록하고 정리하라

평상시와는 다른 생각과 행동으로

평생 한 번쯤 해보고 싶은 일, 또는 죽기 전에 꼭 해야 할 일을 적은 목록을 '버킷 리스트bucket list'라고 합니다. 당신의 버킷 리스트는 무엇입니까? 내가 환자들에게 권하는 버킷 리스트 작성법이 있어 소개할까 합니다.

먼저 좋아하는 것, 하고 싶은 일을 테마별로 설정한 뒤에 각각의 리스트에 들어갈 비용과 시간을 분류해보십시오. 이 때 버킷 리스트에 무엇을 넣을지는 중요하지 않습니다. 중요한 것은, 리스트를 작성할 때는 누구라도 집중을 하게 된다는 점입니다.

리스트를 작성하려고 골몰할 때, 이렇게 애를 쓰는 모습은 뇌는 물론이고 마음에도 긍정적으로 작용합니다. 좋아하는 일, 하고 싶은 일을 하나하나 떠올리며 리스트로 작성하다 보면 뇌가 활성화되고 가슴이 두근거리기 때문입니다.

어떤 리스트는 아주 오래전에 간절히 꿈꾸었지만 어느 순간 꿈에서조차 찾아볼 수 없이 소멸된 일일지도 모릅니다. 그것이 불현듯 생각나다니, 내 몸속 어딘가에 살아 숨 쉬고 있었다니, 가슴이 두근거리는 것은 당연합니다.

뇌는 근육과 마찬가지로 사용하지 않으면 점점 퇴화합니다. 따라서 평소에 뇌의 활성화를 위해 적당한 운동을 하고, 특히 손가락을 움직이는 습관을 가질 필요가 있습니다.

내가 권하는 방법은, 하루에 몇 차례씩 평상시와는 다른 방향으로 행동을 하라는 것입니다. 그리고 뭔가를 잊었을 때는 고집스럽게 생각해보는 추론의 습관도 필요합니다.

버킷 리스트를 작성하는 일은 위에 열거된 모든 조항에 해당되는 작업입니다. 그렇다 하더라도 현실적으로 여러 가지 제약이 있어 작성한 리스트를 그대로 실현시키는 것은 어려울지 모릅니다.

그래도 괜찮습니다. 사람은 원래 생각하는 대로 행동하려는 습성이 있으므로 일단 리스트에 적힌 내용대로 움직이려고 하게 됩니다. 만약 그 리스트를 보고 누군가가 웃거나 해도 상관없습니다. 그 사람의 인생이 아니라 나 자신이 주인공인 인생이기 때문입니다.

나는 산에 오르기 전에 출발부터 등산, 하산까지의 세부적인 계획을 세우는데 계획을 완벽하게 지키기가 힘이 들 때가 많습니다. 그러면 마음속에 자책감이랄까, 뭔가 찝찝함이 남는데 어느 날 친구에게 이런 말을 했더니 그의 대답이 내 머리를 쳤습니다.

"100% 마치지 못하면 어때? 절반만 넘어도 훌륭하고, 그렇게나마 해낸 자신을 칭찬해야지."

잡다한 것으로부터의 해방

나는 여행을 떠날 때도 등산과 마찬가지로 세부적인 계획을 세우는 걸 좋아하는데, 사실 여행을 다닐 때보다 이런 준비기간이 훨씬 더 즐겁고 행복합니다. 마음속으로 파노라마처럼 펼쳐지는 상상에 빠지노라면 엔도르핀이 쏟아지기 때문입니다.

이런 식으로 계획서를 작성하다 보면 장점이 몇 가지 있습니다. 첫째는 자기도 모르게 거기에 푹 빠져들 수 있다는 것, 둘째는 그렇게 함으로써 집중력과 창의력이 증가한다는 것, 셋째는 불필요한 것들을 걸러내어 최대한 단순화하는 데 능숙해진다는 것입니다.

세 번째인 불필요한 것들을 제거하는 단순화 작업은 매우 중요합니다. 여행에 가져갈 수 있는 짐에는 한계가 있습니다. 이것도 저것도 읊조리며 모조리 배낭에 집어넣다 보면 나의 한계를 넘어버립니다.

꼭 필요한 것만을 골라 담고, 버리는 물건을 대체하는 데는 무엇이 필요한지 고민하면 의외로 답을 찾는 데 많은 시간을 소요하지 않게 됩니다.

해외여행을 떠날 때 공항 풍경을 보면 외국인들과 동양인들의 차이를 한눈에 보게 됩니다. 외국인들은 간단한 배낭에 비교적 작은 여행가방뿐인데, 동양인들은 대부분 큼지막한 여행가방 2개는 꼭 가지고 있습니다.

이렇게 되니 여행을 가는 것인지, 이사를 가는 것인지 모를 정도가 되어 쩔쩔매게 됩니다. 그때마다 나는 왜 짐을 더 단순하게 정리하지 못하는 것일까 의아해하며 고개를 흔들게 됩니다.

이런 습관은 일상의 잡다한 것들을 정리하는 것으로 이어집니다. 우리는 의외로 많은 짐을 껴안고 살아갑니다. 꼭 필요한 것만을 택하고, 그렇지 않은 것들을 훌훌 던져버릴 필요가 있습니다.

당신의 일상에서 무엇이 필요하고 무엇이 불필요한지에 대한 판단이 모든 날, 모든 선택의 습관이 되기를 바랍니다. 그렇게만 된다면 당신은 단출한 삶 속에서 더 많은 것을 갖게 되는 기쁨을 맛보게 되고, 그런 습관이 자신을 더 좋아하는 계기가 될 것입니다.

100% 완벽하지 않으면 어때?
절반만 넘어도 훌륭하고, 그렇게나마 해낸 자신을 칭찬해야지.

마음의 충만을
일깨워주는 식물들

악조건을 뚫고 기어이 살아내는 생명력

'붓꽃'은 빈센트 반 고흐Vincent van Gogh 작품의 주요 소재 중 하나였습니다. 그의 작품에는 식물이나 꽃을 묘사한 것들이 많은데, 한번은 그가 동생 테오에게 이런 글을 썼습니다.

"사람들이 목초지의 풀을 잘라내지 않으면 습작을 다시 그려보고 싶어. 풍경이 정말 아름다운데 이 장면을 어떻게 구성해야 될지 아직은 잘 모르겠거든. 노란 야생화와 보라색 붓꽃으로 뒤덮인 작은 시골 마을……. 꿈에서나 볼 수 있는 장면이야."

오늘날 미술경매 시장에서 천문학적인 액수로 팔리는 반 고흐의 작품들 중에서도 〈붓꽃〉이라는 이름의 작품은 단연 최고액으로 거래된다고 합니다. 목초지에 흐드러지게 피어 있던 평범한 붓꽃이 천재작가의 손을 통해 최고 예술품으로 거듭나게 것입니다.

예술가나 사상가들은 인생의 전환점에서 얻은 깨달음의 이변에 식물이 있었다고 말합니다. 인간의 눈에는 보이지 않는 속도로 자라고 있어도 세상의 모든 것을 응시하면서 묵묵히 존재하다가 어느 순간 훌쩍 커버리는 식물들의 성장에서 깨달음을 얻었다는 이야기입니다.

이는 요즘의 나도 실감하고 있는 일로, 나는 마음의 충만을 눈앞의 식물에게서 배우고 있습니다. 나는 집안의 작은 정원과 사무실 안에서 몇 가지 식물을 기르고 있는데 재미가 아주 쏠쏠합니다.

흙에 적당하게 구멍을 만들어 비료와 함께 모종을 심습니다. 초보자들한테는 귀찮은 노동이겠지만 무럭무럭 자라나기를 바라는 마음이 크기에 마음이 한없이 푸근해집니다.

식물의 성장 과정을 지켜보는 건 기적의 연속입니다. 저마다의 색깔로, 그리고 저마다의 속도로 몸을 일으키는 그들의 성장을 보며 생명의 소중함과 경이로움을 느끼게 됩니다.

나는 그들에게 매일같이 말을 거는 게 즐겁습니다. 앞서 옛날에 좋아했던 일을 하라고 말했는데 내게는 식물을 기른다는 항목이 있을 정도로 매일같이 그들의 성장을 지켜보고 있습니다.

집 안에 특별한 공간이 마련되기 어려운 아파트라도 상관없습니다. 탁자 위에 작은 화분 두세 개만 놓아두어도 나와 똑같은 감동을 느낄 수 있습니다.

대학 시절에 내 친구는 비좁은 기숙사 창가 쪽에 옹기종기 화분을 가져다놓고 매일같이 지켜보곤 했습니다. 주먹만 한 화분에서 기어코 살아내는 식물들을 보며 내 친구는 물론이고 우리들 모두는 감탄을 연발하곤 했습니다.

어디든 좋습니다. 식물 재배에 대한 상식이 없어도 괜찮습니다. 내가 기르는 식물의 특성을 알고 나서 기도하는 마음으로 정성을 다하면 식물은 나의 기대에 부응합니다.

일상의 무게에 짓눌려 있다면

이렇게 집의 한쪽 공간을 식물로 장식하면 많은 장점이 있습니다. 식물을 기르면 신체 활동이나 뇌 활동에 도움을 주고, 집안의 화목에도 일조를 해서 생활 만족도를 높일 수 있습니다.

전문가들은 식물은 공기 중에 흐르는 독성물질을 없애는 작용을 한다고 말합니다. 공기 정화 작용을 한다는 얘기입니다. 일부 식물은 인체에 유해한 휘발성유기화합물VOCs을 제거함으로써 건강한 호흡에 도움을 준다고 합니다.

그뿐만 아니라 병원이나 노인요양 시설 같은 곳에서 식물을 기르면 환자의 회복 속도가 빨라진다고 합니다. 식물이 없는 방의 환자와 비교해보니 진통제 투여량이 줄고, 심박 수와 혈압이 안정되어 퇴원 날짜가 앞당겨졌다고 합니다.

저녁시간이 되면 식물들은 광합성 작용을 멈추게 됩니다. 식물들도 사람처럼 숨을 쉬면서 산소를 유지하고 이산화탄소를 방출하는데, 난초나 다육식물은 이산화탄소를 흡수하고 산소를 배출하기 때문에 밤중에 산소 농도를 높이고 싶다면 이런 식물을 방 안에 두면 좋습니다.

식물은 섭취하는 물의 97% 내외를 배출하게 되는데, 그렇다는 것은 식물을 기르면 실내의 습도를 유지할 수 있다는 것이 됩니다.

게다가 정서적인 면에서 안정을 주니 가까이할수록 도움이 되는 게 식물입니다. 나도 업무적으로 피곤할 때 물끄러미 식물을 보고 있노라면 마음이 한없이 깊어지고 너그러워져서 혼자 미소를 짓곤 합니다.

살다 보면 우리는 일상의 무게에 짓눌려 어깨와 팔다리에 통증을 느낄 때가 있습니다. 그건 과로했으니 이제 그만 쉬라는 신호입니다.

그럴 때마다 식물로부터, 꽃으로부터, 아기의 작은 손처럼 펼쳐진 잎사귀로부터 마음의 평온을 얻는다면 이 또한 자기 자신을 아끼는 습관으로 이어질 것입니다. 오늘 퇴근길에는 꽃집에 들러 화분 하나 장만하시기 바랍니다.

✢

저마다의 색깔로, 저마다의 속도로
몸을 일으키는 식물들의 성장에서
생명의 소중함과 경이로움을 느끼게 된다.

자신이 싫어하더라도
몸은 나를 좋아한다

언젠가 하려고 했지만 깜빡 잊고 있었던 것

마음의 자유를 얻으려면 집중이 중요합니다. 자기가 하는 일을 원래 좋아한다면 더 말할 필요도 없는데 집중을 하면 시간도, 나이도, 지위도 잊고 하나의 목적에 마음을 온통 빼앗길 수 있기 때문입니다.

이런 순간이야말로 인생을 더 깊이 있게 만드는 시간이 되어 여유와 긍정이 넘치는 삶으로 이어지게 됩니다. 어느 강의에서 이렇게 말했더니 '나에겐 특별한 취미가 없어요'라고 말하는 사람이 있었는데, 그때 이렇게 말해주었습니다.

"그러면 그냥 단순히 몸을 움직여보는 건 어떨까요?"

나는 그에게 가벼운 산책을 추천했습니다. 아리스토텔레스Aristoteles는 걸으면서 강의를 했다고 해서 그와 그의 제자들을 '소요逍遙 학파'라고 부릅니다. 하늘과 땅과 나무와 바람이 어우러진 자연을 바라보면서, 그런 풍광 속에서 자유분방하게 인생을 논한 그가 존경스럽기까지 합니다.

칸트Kant는 매일 똑같은 시간에 산책을 한 것으로 유명합니다. 그는 어찌나 정확한 시간에 다녔는지 어느 지점을 지날 때는 그 순간의 정확한 시간을 알 수 있을 정도였다고 합니다.

산책 대신 스트레칭이나 체조를 하는 것도 좋고, 잠시 짬을 내어 줄넘기를 해보는 것도 좋습니다. 그저 가볍게 몸을 움직이다 보면 어느 순간 깨닫게 됩니다.

"아, 맞다. '그것'이나 해볼까?"

여기에서 말하는 '그것'은 언젠가 하려고 생각했었지만 깜빡 잊고 있었던 '무엇'을 말합니다. 미처 읽지 못한 책, 마저 끝내지 못한 업무, 엄두를 내지 못했던 여행, 계속 미뤄두기만 한 연구과제……

당신의 몸은 언젠가 '그것'을 해주기를 기다리고 있었을지 모릅니다. 당신의 몸은 당장이라도 '그것'에 흠뻑 빠져 만족한 웃음을 짓는 당신의 모습을 보고 싶어 할지도 모릅니다.

당신이 지금 피로한 것은, 그리고 현실에 만족하지 못하고 자꾸만 짜증이 나는 것은 어쩌면 '그것'을 하지 못하고 있는 자신에 대한 자책이나 후회 때문일지도 모릅니다.

그냥 단순히 몸을 움직이는 것만으로

그렇다는 것은 우리가 아무리 머리로는 자기를 싫어해도 몸속에서는 본능이라는 형태로 자기 자신을 좋아하고 활용하도록 프로그램되어 있다는 뜻입니다.

그래서 언젠가 꼭 할 거라고 생각했지만 깜박 잊고 있었던 것이 떠오르면 그 순간 그쪽으로 몸이 빠르게 작동하는 것입니다. 몸이 반응한다는 것, 몸이 기억하고 있다는 것은 바로 이런 경우를 두고 말하는 이야기입니다.

일단, 항상 몸을 움직여야 합니다. 현대인들은 운동을 잘 하지 않습니다. 편리한 생활도구들은 인간의 편익을 위해 만들어진 것이지만, 그런 것들이 오히려 우리를 움직이지 못하게 만들었습니다.

주변을 돌아보십시오. 컴퓨터 앞에 앉아서 몇 시간이고 자판을 두드리는 사람이 많습니다. 불과 5분이면 걸어갈 편의점까지 자동차를 몰고 가는 사람도 흔하고, 하루 종일 누워서 전자기기 버튼만 눌러대는 사람도 많습니다.

항상 몸을 활기차게 움직일 수 있도록 자신을 시동 상태에 놓아둬야 합니다. 버튼만 누르면 즉시 작동하는 몸이 되도록 평소에 단련을 해둬야 합니다.

이렇듯이 언제나 자신의 주인에게 사랑을 전해줄 준비가되어 있는 자기 몸을 위해 정성을 다해 사랑해주는 태도가필요합니다. 자기 자신을 좋아한다는 것은 이런 일로부터 시작됩니다.

머리로는 자기를 싫어해도
몸속에서는 본능이라는 형태로
자신을 좋아하고 활용하도록 프로그램이 되어 있다.

메갈로돈의
마지막을 기억하라

분노의 포식자는 어떻게 소멸되었나

메갈로돈Otodus megalodon이라는 거대 상어가 있습니다. 지구상에 존재하는 바다생물 중에서 가장 거대한 녀석으로 여겨지는 육식성 상어로, 신생대 올리고세 후기에 출현하여 지금으로부터 160만 년 전인 플라이스토세 초기까지 번성했다고 합니다.

몸길이가 15~20미터로 추측되는 메갈로돈은 얕은 바다에 서식하면서 주로 해양 포유류를 먹이로 삼았을 것으로 추측됩니다. 그 거대한 몸집으로 바닷속을 헤집고 다니며 마음껏 포식자 노릇을 했을 녀석의 난폭한 모습이 저절로 떠오릅니다.

문제는 워낙 몸집이 큰 녀석이라 어미의 뱃속에 있을 때 크기가 벌써 1미터를 상회하는데, 가장 강한 녀석이 성장을 위해 형제들을 거침없이 잡아먹으며 생존해서 자기 혼자만 유유히 탄생의 기쁨을 맛본다는 사실입니다.

 성장한 메갈로돈의 이빨 크기는 약 18센티미터로, 이 녀석이 한창 번성할 때는 먹잇감으로 삼을 만한 해양 포유류들이 많았기 때문에 엄청난 속도로 영역을 확장할 수 있었다고 합니다.

 그러나 메갈로돈은 공룡과 마찬가지로 거대한 몸집 때문에 자멸하고 말았습니다. 고대의 지구는 여러 차례 거대한 변화의 시기를 거치는데, 몸집이 너무 큰 탓에 변화에 적응하지 못한 메갈로돈은 이리저리 서식지를 옮기며 연명하다가 끝내 멸종되고 말았던 것입니다.

 이에 반해 바퀴벌레는 3억 5천만 년 전인 고생대 석탄기부터 끈질긴 생명력을 바탕으로 현재까지 살아남은 곤충으로, 끊임없는 환경 변화에 악착같이 적응하며 진화를 거듭해 왔습니다.

 작은 곤충 중에는 바퀴벌레처럼 수억 년을 가로지르며 생명을 이어온 녀석들이 많은데, 그들의 생존 이력을 보면 역시 작은 체구를 가질수록 자연에 대한 적응력이 강하다는 사실을 알 수 있습니다.

인간도 예외가 아닙니다. 인간은 상대적으로 볼 때 작고 약한 동물에 지나지 않지만 다른 동물들이 갖고 있지 않은 것을 최대한 이용하면서 오늘날까지 생존해왔습니다. 그것은 바로 지혜입니다. 인간은 위기상황에서 발휘되는 지혜로 환경의 변화에 적응하거나 뛰어넘었습니다. 그것은 딱히 인간이 영리해서가 아니라 본능 그 자체가 그렇게 만들어낸다는 의미일지 모릅니다. 우리 모두가 가슴속에 쟁여두고 있는 본능 말입니다.

내면을 채우고 있는 실력이 중요하다

병원에서 외래환자들을 대상으로 진료를 볼 때면, 체구가 큰 사람보다 작은 사람이 내장기관이나 골격 구조가 더 탄탄한 경우를 많이 봅니다.

체구가 너무 크거나 비대하면 아무래도 스스로 건사해야 할 부위가 넓고 크기 때문에 컨트롤이 제대로 되지 않는다고 봐야 할 것입니다.

인간은 사회적 동물이기 때문에 아무래도 상대적인 비교를 하며 살아가게 됩니다. 남보다 왜소하다, 외모가 보잘것없다, 체격이 빈약하다 등등 열등감을 일으키는 요소로 인해 남 앞에 나서기를 주저하는 경우가 많습니다.

그러나 나는 사회적 동물의 우월성은 화려하거나 거대한 외면보다는 내면의 충실과 마음속의 자세 같은 문제로 정해지는 게 아닐까 싶습니다.

사실 우리 주변에서 일어나는 일들을 보면, 체격이나 생김새나 목소리로 승패가 갈리는 일은 극히 드뭅니다. 그런 일은 운동경기나 영화배우, 그리고 가수들 사이에나 통할 문제이지 우리들에게는 내면을 채우고 있는 실력의 차이에서 승패가 갈립니다.

바퀴벌레처럼 수억 년을 살아갈 것도 아닌데 악착같이 생명력을 발휘해서 장수를 꿈꿀 필요는 없습니다. 인간에게는 원래 오래 살기 대회 같은 시합은 없으니 살아 있는 동안 자기에게 주어진 것들을 묵묵히 수행하며 살아갈 필요가 있습니다.

힘들고 지칠 때마다 한때 세상을 주름잡았던 메갈로돈의

최후를 기억하십시오. 보잘것없는 용모에 뭐 하나 별로 내세울 것 없는 사람일지라도 절대 기죽지 마십시오.

중요한 것은 자기 삶에 대해 자부심을 잃지 않는 것입니다. 누구와 비교하면서 열등감을 느끼기 전에 자존감을 꽉 붙잡고 자기의 삶을 위해 당당하게 서는 일입니다. 세상이 나에게 주지 않은 것에 상실감을 느낄 필요 없이, 내가 가지고 있는 무기로 열심히 살아가면 됩니다.

✳

살아 있는 동안 자기에게 주어진 것에 감사하며
그 덕분에 얻은 소소한 행복에 만족하는
당신이 되기를 바란다.

양보다는
질로 승부하라

내가 하지 않으면 안 된다는 착각

자기의 일에 대한 책임감은 당연히 중요하지만, 그렇다고 너무 일에만 빠져 지내서는 안 됩니다. 나 자신이 대표적인 사례입니다. 나야말로 말 그대로 일 중독자였는데, 그 때문에 인생에 있어서 소중한 것들을 많이도 잃었습니다.

나는 항상 나 스스로가 모든 걸 감당해야 한다는 자만에 빠져서 일반적으로 대형 병원 응급의학과에서 30명 내외의 직원이 해야 할 일을 불과 4명으로 시작한 적이 있습니다.

그래서 팀장인 내가 더 많은 일을 해내지 않으면 안 된다는 아집에 더욱 심하게 빠져들었고, 그것이 원인이 되어 결국 몸이 망가지기 직전까지 갔습니다.

그때 나는 하루에 두세 시간밖에 자지 않는 날을 6개월 이상 지속한 적도 있습니다. 끼니를 거르는 것은 예삿일이고, 그냥 병원 진료실 한쪽의 소파에서 쪽잠을 자는 일이 비일비재했습니다. 그러니 몸이 성할 리가 없었습니다.

그때 나는 어떻게 했으면 좋았을까요? 병원 조직의 특성상 증원을 하는 것은 어렵다 해도 직원들과 내가 수행할 스케줄을 정할 때 명확한 한계를 구분하고 우선순위를 정해야 했습니다.

일하는 사람들의 몸과 마음에는 분명히 한계라는 게 있으니 어디부터 어디까지는 우리 힘으로 안 된다고 분명히 선을 그을 필요가 있었습니다. 그런 구체적인 계획도 없이 무작정 젊은 에너지만 믿고 대들었다가 조직원 모두가 완전히 탈진 상태에 빠졌던 것입니다.

나는 그런 극단의 환경에서 일한 뒤에 한 가지 분명히 깨달은 게 있었습니다. 나의 노력이 조직이나 사회에 공헌을 한다는 것은 의심할 여지도 없이 멋진 일이지만, 너무 일에 빠져 지내면 조직은커녕 나 자신에게조차 공헌하지 못하게 된다는 사실입니다.

너무 일에만 빠져 지내는 상황은 내가 하지 않으면 안 된다는 착각과 조직 구조상 인원이 부족하기 때문에 생기는 경우가 많습니다. 내 경우에는 양쪽 모두였지만 어느 쪽이든 나는 너무 무모하게 대처함으로써 여러 사람에게 피해를 입혔습니다.

양이나 시간이 아니라 질이 먼저다

일을 어디까지 할 수 있을지는 사람마다 개인적인 차이가 있습니다. 여기엔 지력, 체력, 취향 등 다양한 구성 조건이 있는데, 이것을 제대로 파악하여 일을 시작하는 사람이 많지 않기 때문에 문제가 생깁니다.

그런 의미에서 말하는데, 일을 하는 데 있어서 가장 중요한 것은 양이나 시간이 아니라 '질'로 생각하라는 것입니다.

고등학교 때, 우리 반에 A라는 학생이 있었습니다. 운동을 잘하고 리더십까지 있어서 3년 내내 학생회장을 맡은 친구였는데, 우리들에겐 성적표를 받을 때마다 그의 성적이 불가사의에 가까웠습니다.

매일같이 체력단련장에서 살면서 친구들과 운동을 하는데 몰두했던 그는, 그러면서도 공부시간에는 한 번도 빠지지 않고 참석했습니다.

우리가 알기론 단지 그것뿐이었습니다. 그냥 열심히 수업을 듣는다는 것 말입니다. 시험 직전까지도 운동에 매달리며 땀을 뻘뻘 흘리고 와서는 무심한 듯 시험지를 받아드는 그였습니다.

그런데 결과는 항상 전교 1등이었습니다. 운동에, 공부에, 리더십까지 무조건 최고인 이런 친구가 학교마다 꼭 한 사람 있게 마련인데 A가 바로 그랬습니다.

그는 바로 여기서 말하는 '양이 아니라 질'로 공부하는 전형적인 학생으로, 집에 돌아가면 4시간 동안 무서운 집중력을 발휘하여 하루치 공부를 마치고 잠자리에 든다고 했습니다.

그는 졸업 후에 일본 최고 대학의 법과대학에 입학하여 변호사가 되었는데, 지금도 그 분야에서 자기만의 패턴대로 여유를 찾으면서도 최고의 법률가라는 호칭을 들으며 자기 자리를 지키고 있습니다.

무조건 워커홀릭으로 사는 것은 위험합니다. 스스로 지칠 수 있어 오히려 남보다 훨씬 먼 길을 돌아 목적지에 도착할 위험성이 있습니다. '양보다 질'이라는 슬로건을 가슴에 새기고 일벌레 인생에서 졸업을 선택하는 당신이 되기를 바랍니다.

사람들에게는 한계가 있으니
어디부터 어디까지는 내 힘으로 안 된다는
분명한 선을 그을 필요가 있다.

제3장

나와 달라도
그가 틀린 것은 아니다

서로 생각이
다른 것은 당연하다

무엇이든 자기에게 되돌아오기 마련이니까

일본을 대표하는 극작가로 한 시대를 풍미했던 하시다 스가코橋田壽賀子는 전 세계를 감동시킨 드라마 〈오싱おしん〉에서 이렇게 썼습니다.

"너는 앞으로 몇십 년을 더 살아야 한다. 많은 일들이 일어날 테고, 많은 사람을 만나게 될 것이다. 그 가운데는 마음이 안 맞고 싫은 사람도 있을 테고, 괴로운 일을 당하기도 할 것이다. 하지만 그렇다고 남을 원망하거나 미워하면 결국 자신이 불쾌한 일을 당하게 된단다. 남에게 상처를 주어 고통스럽게 하면 반드시 똑같은 고통을 받게 된단다. 무엇이든 자기에게 되돌아오기 마련이기 때문이지……."

사람은 저마다 자기만의 생각을 가지고 있습니다. 어떤 사람은 자기 생각이 옳다고 목소리를 높이면서 자기와 생각이 다른 사람을 무조건 적대시합니다.

그래서는 안 됩니다. 서로 생각이 다른 것은 너무도 당연하다고 생각하며 그 사람을 인정하면서 한발 물러서는 편이 좋습니다. 그것은 그 사람에 패배하는 것도 아니고 내 인생에 금이 가는 일도 아닙니다.

이따금 TV에서 하나의 쟁점을 놓고 서로 다른 입장에 있는 사람들이 자기 의견을 피력하는 걸 보게 됩니다. 그런데 자기와 다른 의견을 가진 사람의 말을 듣다가 어떤 사람이 너무 흥분한 나머지 책상을 탕탕 치면서 그의 말을 가로막았습니다.

시청자들 입장에서 보면 설령 그의 말이 맞다고 해도 그 태도에 눈살을 찌푸리게 됩니다. 그런 사람이 정치인이라면 자기 의견을 관철하기 위해 반대편은 물론이고 국민에게 폭력을 행사할지도 모를 일입니다.

이런 현상은 남의 말을 들을 줄 몰라서 생기는 폐단입니다. 우리 사회는 도대체 남의 말을 들을 줄 모르는 인간들로

넘쳐납니다. 자기만이 옳다고 떠들어댑니다.

그러나 자기 자신을 좋아하는 사람은 남과 싸우는 걸 싫어하기 때문에 자기 생각을 고집하지 않습니다. 상대가 뭔가를 고집스럽게 말을 하면 묵묵히 들어줍니다.

조용히 들어주는 게 먼저다

의사들에게도 경청은 중요합니다. 의사가 환자에게 환자 자신과 가족의 병력, 질병의 발생 상황, 증세 등을 묻는 것을 문진問診이라 하는데, 나는 의과대학 때 교수님들로부터 진찰의 과정에서 문진이 가장 중요하다고 배웠습니다.

의사들은 환자가 진료실에 들어오면 이렇게 문진부터 시작하는데, 그래야 적절한 처방을 내릴 수 있기 때문입니다. 즉, 병원을 찾은 환자 자신이 치료의 답을 가지고 있다는 얘기입니다.

나는 이런 일이 일상적인 상황에서도 똑같이 작용한다고 믿습니다. 나 혼자 떠들어댈 것이 아니라 상대의 상황과 필요를 먼저 물어보는 태도 말입니다.

상대가 나와 생각이 다르다고 생각하면, 일단 그의 말을 들어봐야 합니다. 그러면 환자가 그렇듯이 그 사람이 스스로 문제 해결의 답을 말하게 됩니다.

우리 사회는 생각이 다른 사람들끼리의 분쟁으로 얼룩져 있습니다. 사람과 사람 사이의 모든 갈등은 '남에게 상처를 주어 고통스럽게 하면 반드시 똑같은 고통을 받게 된다'는 가르침을 잊어버렸기 때문에 벌어지는 일들입니다.

내가 먼저 남을 인정하면 그것이 나에게 그대로 돌아오고, 내가 남을 배척하면 그 또한 나에게 그대로 돌아온다는 사실을 잊지 말기 바랍니다.

서로 생각이 다른 것은 당연하다고 생각하며
한발 물러서는 자세가 바람직하다.
그것은 결코 패배가 아니다.

남들이 나를
어떻게 평가하든

평가란 자기편향적인 확정이다

인간은 다양성을 무기로 진화해온 생물입니다. 생각의 다양성, 시각의 다양성이 토론의 필요성을 만들었고, 그런 식으로 더 나은 의견을 찾으면서 험난한 세상을 극복해낼 수 있었습니다.

예를 들어 어떤 사람은 보기만 해도 끔찍한 미생물을 누군가는 친구처럼 대했기에 인류를 전염병의 위험으로부터 지켜낼 수 있었고, 어떤 사람은 바다를 여행하는 것을 좋아했기에 미지의 세계로 달려가 신대륙을 발견할 수 있었습니다.

아주 오래전에는 인간에게 학교가 과연 필요한지 의문을

제기하는 논의가 있었습니다. 배우는 것은 좋지만, 반드시 여러 사람을 모아놓고 가르쳐야 하는가? 그러다 사람들은 학교의 존재 의미를 다음의 3가지로 요약했습니다.

1. 부모나 형제 이외의 사람들도 존재한다.
2. 나와는 생각도, 생활환경도 다른 아이들이 있다.
3. 새로운 지식을 배운다.

학교라는 배움의 공간은 나와 다른 타인이 존재한다는 사실이나 내가 몰랐던 것에 대한 차이를 알고, 그동안 몰랐던 것들을 깨닫는 것에 진짜 가치가 있다는 사실을 깨달은 것입니다.

모르는 어른, 모르는 아이, 모르는 지식을 알아가는 일이야말로 미지의 세계를 만나는 기쁨이자 다양성을 배우는 첫걸음입니다. 우리는 학교에 들어가서 이런 일들을 배워나가는 것입니다.

그러나 다양성은 문제를 만들어내기도 합니다. 사람마다 의견이 다르고 생각도 다르기에 트러블을 피할 수가 없습니다. 그런데 이런 문제들을 더 복잡하게 만들어 더 확대시키는 것이 바로 상대에 대한 '평가'입니다.

평가는 말하자면 상대에 대한 '편향적인 확정'입니다. 대상이 좋은지 나쁜지, 유익한지 무익한지, 유해한지 무해한지, 강한지 약한지에 대해 자기 의견을 확고부동한 이론으로 고착시키는 것입니다.

누군가로부터 낮은 평가를 받을 때마다

오늘의 세계는 우리들로 하여금 곧잘 평가에 휘둘리게 만듭니다. 예를 들어 내가 수줍음이 많아서 남 앞에 잘 나서지 않는 성격이라고 칩시다.

그러면 어른들로부터 '더 자신감을 가져라, 그러면 사람들이 좋아할 것이다'라는 충고를 듣게 됩니다. 요즘은 마치 자신감이 높으면 문제가 모두 사라진다는 듯이 말하지만, 나는 억지로 자신감을 가지려고 의식할 필요는 없다고 생각합니다.

자신감은 원래 자기 몸의 밖에 존재하는 감정이 아니라 처음부터 우리의 뇌에 들어 있는 것입니다. 따라서 자신감이라는 문제는 항상 그것을 떠올리면서 스스로를 좋아하면 자연스럽게 상승하는 것입니다.

자신감은 이렇게 누구나 태생적으로 가지고 있는 것이지만, 문제는 저절로 파손되는 경우가 많다는 것입니다. 바로 타인으로부터 낮은 평가를 받을 때마다 영향을 받게 됩니다.

어디가 좋은지, 무엇이 나쁜지 남들이 마구잡이로 쏟아내는 평가는 전혀 도움이 되지 않는 그저 그런 그들의 생각일 뿐입니다.

세상에는 유독 남에 대한 저평가를 일삼으며 자기의 존재 가치를 높이려는 사람들이 많습니다. 그들은 눈을 부라리고 먹잇감을 찾아서 입만 열면 헐뜯고, 비하하고, 비웃어대는 것에서 인생의 보람을 찾으려 합니다.

당신이 지금 그런 사람들로부터 공격을 받고 있다면 어떻게 해야 할까요? 답은 간단합니다. 사람은 사회적 동물이라 죽을 때까지 이런 고민이 사라지지 않을 테니 그냥 무시하고 갈 길을 가는 게 좋습니다.

그러기 위해 '몰두하는 습관'을 권장하고 싶습니다. 남들이 뭐라 하건 지금 이 순간에 집중하는 것입니다. 운동, 공부, 일, 취미, 봉사, 무엇이든지 좋습니다. 몰두하고 집중하면서 타인의 평가 따위엔 신경을 쓰지 않는 것입니다.

직장인들은 집중력이 떨어지거나 업무 만족도가 별로 없을 때, 고통에 빠질 수밖에 없습니다. 반면에 자기가 좋아하는 일을 하며 편한 시간을 보낼 때는 만족도가 높아집니다.

여기엔 분명한 이유가 있습니다. 이때 중요한 것은 자기가 하는 일에 얼마큼 몰입할 수 있느냐입니다. 자기 일에 몰두하는 사람은 남들이 나를 어떻게 평가하든 상관하지 않습니다. 내가 나를 좋아하면 그것으로 끝입니다.

자기의 일에 몰두하면서 스스로 길을 개척해나가다 보면, 그들의 평가나 비판은 저절로 소멸될 것입니다. 그때쯤이면 그들이 다른 먹잇감을 찾아 떠난 뒤이기 때문입니다.

✳

나에 대한 남들의 평가는 상관없다.
내가 나를 좋아하면 그것으로 끝이다.
그들은 그들대로 그렇게 살라고 하자.

나를 바꿀 수 있는 것은
나 자신뿐

매일 열심히 일하고 있는데도

앞에서 평가에 대해 말했는데, 사실 우리는 살면서 누구나 평가라는 벽에 부딪히게 됩니다. 좋은 평가를 받으면 스트레스가 생길 리 없지만 기대보다 낮은 평가를 받으면 주위 사람을 의식하며 고민에 빠지게 됩니다.

회사에서 팀원들 사이에 평가가 낮다, 사회생활의 인간관계에서 예상외로 저평가에 시달린다, 가족이나 친척들한테 별로 큰 기대를 얻지 못한다……

당신이 지금 이런 고민에 빠져 있다면 잊지 말아야 할 일이 있습니다. 우리는 누구나 어떤 것을 잘할 수 없으면 다른 것을 잘할 수 있습니다. 무엇도 할 수 없는 인간은 세상에 없습니다. 당신은 다만 지금까지 잘하는 것을 찾지 못했을 뿐입니다.

그렇기에 누군가의 낮은 평가가 있다면 다른 누군가의 높은 평가가 기다리고 있다고 생각하십시오. 누군가 당신에게 내리는 저평가를 절대적인 것으로 생각할 필요가 없습니다.

직장인으로서 매일 열심히 일하고 있는데도 기대보다 훨씬 낮은 평가를 받는다면 선택할 수 있는 것은 두 가지밖에 없습니다. '첫째 그래도 굳세게 일을 지속한다, 둘째 그만두고 전직한다'입니다.

그런데 첫 번째를 선택할 경우엔 여기서도 두 가지 선택지가 있습니다. 하나는 남의 평가 따위는 신경 쓰지 않고 내 마음대로 일한다는 것이고, 다른 하나는 평가를 올릴 수 있도록 일의 방식을 바꾸는 것입니다.

어느 쪽을 선택하든, 당신이 당사자라면 일단 일이 즐겁다고 생각해보는 건 어떨까요? 앞서 누군가의 평가를 절대적인 것으로 여기지 말라고 했는데, 평가를 신경 쓰지 않고 내 의지대로 일을 한다면 회사에 불이익을 끼치지는 않더라도 평가는 여전히 낮은 채로 있어야 할지 모릅니다.

하지만 즐겁게 일을 하면 자연히 자기 일에 몰두하게 되고 높은 실적이 따라오게 될 것입니다. 그러다 보면 팀이나 회사에 필요한 존재가 되는 경우도 생길 것입니다.

나를 바꿀 수 있는 유일한 사람은

진짜 해결책은 일하는 방식을 바꿔보는 것입니다. 여태까지 A라는 길로 목적지에 갔다면, 오늘부터는 B라는 길을 택해보라는 얘기입니다. 이런 식의 변화는 기술적인 선택사항을 늘리고 생각이나 행동의 범위가 늘어나기 때문에 예전과는 다른 결과를 얻어내게 됩니다. 조직의 팀장이 바뀌면서 일하는 방식을 바꿨더니 성과에 큰 차이를 낸다는 것은 조직사회에 아주 흔한 일입니다.

그래도 문제는 남습니다. 이렇게 방식을 바꿔서 실적이 올라갔는데도 여전히 평가가 낮다면 어떻게 해야 할까요? 그것은 어쩌면 업무 이외의 부분 때문인지도 모릅니다.

말하자면 인간관계 문제가 있는데 상황이 개선될 여지를 찾을 수 없다면 전직을 준비하는 것도 나쁘지 않을 것입니다. 사람이 태어나서 평생직장에 얽매일 필요는 없습니다. 보수와 기회에 따라 얼마든지 일할 곳을 찾는 것이 좋습니다.

결국 나를 바꿀 수 있는 사람은 나 하나뿐입니다. 다른 어떤 사람도 나를 바꿀 수는 없습니다. 나는 독서를 하면 좋은 글귀를 노트에 남기는 습관이 있는데, 언젠가 읽은 책의 작가가 남긴 말은 이것입니다.

"사람의 진가가 온전히 발휘되는 때는 자기가 원하는 일을 할 때가 아니라 운명이 자신에게 부여한 일을 할 때이다."

이 말을 조금 바꿔보자면, 당신의 진정한 모습은 남들이 원하는 얼굴이 아니라 스스로 찾아낸 본래의 얼굴일 것입니다. 운명이 당신에게 부여한 모습을 찾아내는 것, 그것이 스스로를 좋아하는 여정의 시작입니다.

사람의 진가가 발휘되는 때는
자기가 원하는 일을 할 때가 아니라
운명이 자신에게 부여한 일을 할 때이다.

다른 사람과 억지로
맞춰 살 필요는 없다

나와 맞지 않는 사람은 만나지 말자

사회생활을 하면서 가장 괴로운 일은 같은 조직 내에 나와 생각이 다르고 취향도 다르며 생각하는 방향이나 생활방식이 전혀 딴판인 사람과 함께해야 하는 상황일 것입니다.

나는 그리 외향적인 사람이 아니기 때문에 나와 색깔이 다른 사람과는 쉽게 터놓고 지내지 못하는 편인데, 병원이라는 복잡한 조직 내에서 직급이 올라갈수록 이런 일이 빈번하게 일어나서 골치가 아팠습니다.

응급의학과 팀장이 되었을 때, 다른 진료팀의 선배 의사가 우리 팀의 막내를 내 의견도 묻지 않고 자주 데려다 쓰는 일이 있었습니다. 그렇지 않아도 적은 인원으로 사투를 벌이다 시피 하는 상황인데 막내마저 빠지면 다른 팀원들이 일손이 부족해 말이 아니었습니다.

그래서 내가 선배를 찾아가 자초지종을 말하며 그런 일이 없도록 해달라고 했는데, 그는 자신에겐 잘못이 전혀 없다는 듯이 뻔뻔하게 웃기만 했습니다.

우리 주위엔 이런 인간들이 의외로 많습니다. 우주가 자기를 중심으로 돌아가야 한다고 믿는 이런 부류들에게 한번 걸리면 약도 없다는 말이 있는데, 내가 딱 그런 사람에게 걸려버린 것입니다.

그래도 나는 후배들과 팀워크를 이루며 일해야 하는 팀장인지라 다시 한 번 조용히 주의를 주었습니다. 이런 일이 다시 반복되면 병원 측에 알리겠다고 엄포도 놓았습니다.

문제는 다음에 그가 또 그런 행동을 반복했다는 점입니다. 나 같은 존재는 안중에도 없다는 듯이 오만하게 나오는 그였기에 나는 그길로 병원장을 찾아가 사정을 말했습니다.

결과는 나의 승리였지만, 그 뒤로 그 선배가 동료들에게 알려 나를 왕따 시키는 등 뒤끝이 작렬하는 보복에 시달려야 했습니다. 생각해보면 그럴 수밖에 없었다고 여겼는데 그 선배를 더 설득했어야 했다, 그렇게 직설적인 방법이 아니라 다른 대책을 찾았어야 했다는 후회가 남습니다.

나하고 주파수가 다른 사람

그때 이후로 나와 생각이나 취향이 다른 사람과는 직접적으로 부딪치지 않는다는 원칙을 지키고 있습니다. 세상엔 너무나 분명한 사실을 왜곡해서 삐딱하게 바라보는 사람이 많은데, 사람은 누구에게 억지로 맞춰 살 수가 없고 그럴 이유도 없습니다.

나도 몇 번 마주쳐봤는데, 나와 주파수가 다른 사람이라고 판단되면 아예 상대를 하지 않는 편이 좋다고 생각합니다. 그런 사람과 억지로 소통의 채널을 맞추며 계속 만나게 되면 언제 둘 사이에 파열음이 들릴지 모르기 때문입니다.

우리 사회는 다양한 형태의 인간관계로 얽히고설켜 불과 몇 사람만 건너뛰면 서로의 연결고리를 찾을 수 있는 세상입니다. 이런 세상에서는 그렇지 않아도 사람과 사람 사이의 불화가 피할 수 없는 숙제인데, 나와 맞지 않는 사람과 휩쓸

려 지내다 상처를 받는 일은 피하는 게 좋습니다.

그럼에도 피할 수 없는 비즈니스 관계라든지, 반드시 얼굴을 맞대야 해결되는 인간관계가 있습니다. 이럴 때는 지켜야 할 기본적인 예의를 지키되 그것으로 끝나야 합니다. 공사는 명확히 구분 짓는 태도가 필요하다는 얘기입니다.

자기 자신을 아끼는 사람은 쓸데없는 분쟁의 자리에 자신을 몰아넣지 않습니다. 갈등이 예상되는 사람이나 장소에 함부로 다가가지도 않습니다. 인간관계의 지혜란 바로 이것을 두고 하는 말입니다.

그저 묵묵히 자기 자리를 지키며 살아가는 그에게 악의적으로 시빗거리를 찾는 사람도 있겠지만, 결국은 그의 태도에 굴복하고 자진해서 물러나게 됩니다. 남의 눈치 따위는 보지 말고 당신이 원하는 길을 가는 것에서 진짜 행복이 시작됩니다.

✳

나와 주파수가 다른 사람을 멀리하자.
그런 사람과 계속 만나게 되면
언제 둘 사이에 파열음이 들릴지 모른다.

부정적인 기분을
사라지게 하는 법

마음속에 불편한 감정이 생겼다면

'감정 컨트롤'이라는 말이 있습니다. 인간은 상상 이상으로 복잡한 생물이어서 마음속에 아주 다양한 감정이 뒤엉켜 있는데 이를 스스로의 힘으로 통제한다는 뜻입니다.

그런데 문제는 감정 컨트롤에 대해 말하는 사람마다 이론이나 실행법이 천차만별이어서 무엇을 어떻게 해야 할지 모르겠다는 게 솔직한 심정입니다.

심리학자들은 분노나 적대감 같은 부정적인 감정은 우리 내면의 더 민감한 부분을 보호하기 위한 외면적 감정이라고 말합니다. 분노는 우리 안의 문제를 덮어주는 선제적 반응이라는 것입니다. 심리학자들은 화가 나거나 실망감에 사로잡힐 때는 이렇게 자문하라고 조언합니다.

"왜 이런 기분이 드는 거지?"

"이런 불편한 감정을 해소하려면 어떻게 해야 할까?"

이런 물음은 표면에 떠오른 분노의 안쪽에 숨어 있는 다른 감정을 확인할 수 있기에 감정 컨트롤을 위해서는 끝없이 자기 자신과 대화를 나누라고 권합니다.

나는 마음속에 불편한 감정이 생겼을 때 이렇게 해보라고 권유합니다.

"그 감정을 하나의 괴물이라 생각하고 밖으로 배출시키는 이미지를 만들어보세요. 이를 이미지화 작업이라고 하는데, 이렇게 형상화된 이미지 덩어리를 심호흡을 하면서 밖으로 내보내보세요. 이것으로 끝이 아닙니다. 밖으로 나온 그 녀석을 조각조각 잘라낸 다음 허공으로 높이 던지는 상상을 하면서 그렇게 조각난 괴물이 빠른 속도로 소멸된다고 생각해보세요."

두려움, 걱정, 불안 같은 모든 형태의 부정적인 생각을 이런 식으로 몰아내면 거짓말처럼 평화가 찾아오는 것을 나는 수없이 경험했습니다.

머릿속에서 부정적인 감정을 괴물로 형상화하고, 크게 심호흡을 한 뒤에 괴물과 함께 끝까지 숨을 뱉어내는 과정이 여러 번 반복되다 보면 가슴속이 뻥 뚫린 듯이 시원해질 것입니다.

속는 셈치고 한번 해보시길 바랍니다. 진짜로 괴물이란 놈이 내 안에서 밖으로 배출된다는 느낌이 중요합니다. 처음에는 미심쩍은 기분이어서 망설이게 되지만 계속해서 반복하다 보면 눈앞에 기적이 펼쳐지는 것을 보게 될 것입니다.

나를 움직일 권리는 나에게 있다

이런 과정을 의학적으로 표현하면 부정적인 에너지를 긍정 에너지로 교환하는 리사이클recycle 작업입니다. 순환시킨다는 뜻의 리사이클은 버리는 물품을 재생하여 다시 사용할 때도 함께 사용합니다.

재활용이란 제품을 다시 자원으로 만들어 새로운 제품의 원료로 활용하는 것을 말합니다. 재활용은 제조업에 쓰이는 천연자원의 보존에 도움이 될 뿐만 아니라 다양한 쓰레기를 처분할 때 생기는 오염도 줄여주기 때문에 모든 나라에서

적극적으로 권장하고 있습니다.

리사이클은 사람에게도 적용됩니다. 특히 나쁜 습관을 버리고 새로운 습관을 키우려 할 때는 리사이클이 절대적으로 필요합니다. 호흡과 명상을 통해 몸속에 깊이 뿌리내린 악습을 밖으로 쏟아내고, 이를 새로운 기운으로 받아들이는 작업입니다.

나는 의과대학에 들어가 10년 넘게 한 사람의 의사가 되기 위해 수련하면서 이 훈련을 수없이 반복했습니다. 모자란 실력으로 빼어난 친구들을 따라잡으려니 스트레스가 장난이 아니었는데, 지치고 힘들 때마다 능력 계발을 위한 리사이클 훈련을 거듭함으로써 견딜 수 있었습니다.

오해하지 않도록 다시 말하지만, 이건 싫은 감정을 그냥 묻어두거나 잊어버리는 작업이 아닙니다. 이것은 깊은 심호흡을 통해 밖으로 배출했다가 정화작업을 거쳐 깨끗한 형태로 다시 받아들이는 과정입니다.

이를 위해 이미지화가 필요한데, 누구라도 아무 때나 할 수 있고 돈도 전혀 들어가지 않지만 주의할 점이 있습니다. 남 탓, 회사 탓, 세상 탓으로 내가 이렇게 되어버렸다는 부정

적인 생각에 사로잡혀서 리사이클 작업에 들어가서는 절대
안 됩니다.

그것은 자기 자신이 주인공인 인생이 타인에 의해 조종되
고 있다고 인정하는 꼴이기 때문입니다. 결론은 부정적인 감
정조차도 남의 도움에 의존하지 말고 스스로 극복하라는 것
입니다. 나는 남들이 함부로 컨트롤할 수 없는 독립된 존재
입니다.

그러니 모든 책임은 나 자신에게 있다고 선언하고 마음속
의 감정들을 스스로 컨트롤하기 바랍니다. 나를 움직일 권
리는 나에게 있습니다. 절대로 남의 목소리에 흔들리지 말고
자기감정의 주인으로 살아가십시오.

❋

마음속에 불편한 감정이 생겼다면
그것을 괴물이라고 생각하고 산산조각 내어
밖으로 몰아내는 이미지를 만들어보자.

인생은 원래 나쁜 일이
일어나게 되어 있다

남 탓을 하는 고질병

고등학교 때 매일같이 등하교를 같이 하던 친한 친구가 여름방학 때 친척집에 다녀오다 교통사고를 당해 사망하는 사건이 있었습니다. 나는 그때의 충격으로 상당히 오랫동안 얼이 빠진 채 지냈습니다. 어떻게 어제까지 웃고 떠들며 지냈던 친구가 느닷없이 죽을 수 있는지, 나는 삶과 죽음의 경계에 대한 의문으로 오랫동안 번민에 빠져 지냈습니다.

그때의 나는 일종의 염세주의에 빠져서 오랫동안 산다는 것의 의미가 무엇인지 번민했습니다. 염세주의란 쇼펜하우어Arthur Schopenhauer의 철학사상에서 비롯된 말로, 세상이 원래 불합리하고 비애로 가득 차 있다고 보는 세계관입니다.

문제는, 사람이 한번 염세주의에 빠지면 인생에서 실낱같은 희망조차 갖지 못하고 낙망의 늪을 끝도 없이 헤매게 된다는 것입니다.

이럴 때 나타나는 대표적인 증상이 바로 '남 탓', '세상 탓'입니다. 내가 이렇게 고통스러운 것은 누구 탓이다, 세상이 원래 이렇게 나같이 착한 사람에게 야박한 법이다…….

이렇게 무슨 일이 잘못되었을 때 남 탓으로 돌리며 원망하고 한탄하면 일단은 핑곗거리가 생기니 속이 편할지 모르지만, 그것으로 꽉 막힌 마음이 완전히 뚫리지는 않습니다.

사실 남 탓, 세상 탓을 하면 뭔가 면죄 받는 기분이 들고, 다른 사람을 공격하는 권리를 얻은 기분이 될 수도 있습니다. 즉 나는 선이고, 나만 빼고 모든 사람은 악이라고 여기는 것입니다.

퇴근 시간에 지하철역에 도착했는데, 전철이 지연되는 상황이라고 합시다. 30분 가까이 기다려도 운행이 재개된다는 소식이 없어 더욱 화가 나는데, 이때 운행이 전면적으로 멈췄으니 다른 교통편을 이용하라는 방송이 나오면 바로 이때 사람의 본질이 드러납니다.

"아, 이거 진짜 운이 없네. 대체 뭐하자는 거야?"

이렇게 허공에다 대고 삿대질하며 큰소리로 화를 내는 사람이 있습니다. 그런가 하면 역무원에게 뛰어가 막말을 해대며 울분을 터트리다가 어쩔 수 없이 다른 교통수단을 이용하기 위해 터덜터덜 전철역 밖으로 나가는 사람도 있습니다.

인생이란 원래 그런 것

평상시에 전철이 운행시간을 지키지 못하는 원인은 아주 많습니다. 하지만 이것은 다 어쩔 수 없는 상황입니다. 문제가 있음에도 이를 무시하고 무턱대고 달리게 하면 더 큰 문제가 생길 수 있습니다.

이럴 때 남들과는 반대로 행동하는 사람도 많습니다. '어쩔 수 없지. 그럼 식사라도 하고 갈까?' 하며 역 근처의 식당으로 향하는 사람도 있을 것입니다. 그러는 동안에 지하철 운행 상황이 정상으로 돌아오면 그때 집으로 돌아가는 것입니다. 이러는 편이 훨씬 기분 좋아지지 않을까요?

인생은 원래 나쁜 일도 일어날 수 있다고 생각하면 마음이 편합니다. 나에게만 나쁜 일이 일어나는 것도 아니고, 어떤 사람에게만 좋은 일이 일어나는 것도 아닙니다.

금수저를 물고 태어난 아이에게도 나름의 고민이 있고, 억만장자도 남모르는 번민에 밤잠을 설칠 때가 있습니다. 나쁜 일이 일어났을 때 인생이란 원래 그런 것이라고 생각하며 해결책을 찾는 것이 지혜로운 행동입니다.

일상은 항상 똑같은 모습에 똑같은 속도로 돌아가지는 않습니다. 언제 무슨 일이 일어날지 아무도 모릅니다. 막무가내로 화를 내거나 짜증을 낸다고 해서 내 마음대로 돌아가지 않는다는 이야기입니다. 일이 일어났을 때 거기에 맞게 능동적으로 대처하면 됩니다. 마음도 몸도 편하게, 유연하게 대처하면 여유가 생깁니다. 그럴 때 나오는 웃음은 아픈 마음을 치유하는 명약이 될 것입니다.

나쁜 일이 일어났을 때 인생이란
원래 그런 거라고 생각하며
해결책을 찾는 것이 지혜로운 행동이다.

무슨 일이든
지나치면 독이 된다

몸의 비명소리를 알아차리지 못한 결과

먼저 《논어》 〈선진〉편에 나오는 문장을 소개할까 합니다.

자공子貢이 공자에게 물었다.

"자장子張과 자하子夏 중에 어느 쪽이 더 어집니까?"

공자가 대답했다.

"자장은 지나치고 자하는 미치지 못한다."

"그럼 자장이 낫다는 말씀입니까?"

"지나친 것은 미치지 못한 것과 마찬가지이다."

'과유불급過猶不及'이라는 말이 여기서 나왔습니다. 너무 지나친 것은 부족한 것이나 마찬가지라는 얘기입니다. 가령 살을 빼겠다고 너무 지나치게 운동을 하면 몸에 해로울 수 있듯이 모든 일은 적정한 선을 지키는 것이 좋은 법입니다.

죽어라고 일에 빠져 지내는 사람들에게는 나쁜 공통점이 있습니다. 그것은 '몸의 소리'를 듣지 않는 습관입니다. 지금 하는 일 탓에 몸에 부하가 걸리게 되면, 감당하기 어려울 때는 뼈마디에 소리가 날 정도로 힘이 듭니다.

그것만이 아닙니다. 워커홀릭들은 대개 불규칙한 식습관 때문에 위장 계통에 어려움을 겪는데, 이런 일로 부작용이 생겨도 별일이 아니겠지 하며 그냥 넘겨버리는 경우가 흔합니다. 그러다 나중에 너무 아파서 배를 열어보면 지독한 병에 걸려 있는 자신을 발견하곤 땅을 치게 됩니다.

일뿐만이 아닙니다. 취미활동이나 자원봉사에 너무 심하게 빠져 지내면 자기 삶이 그런 일들 위주로 돌아가게 되어 무엇이 본업이고 무엇이 부업인지 분간이 안 됩니다.

아무리 좋아하는 일이고 보람을 느낀다 해도 너무 무리를 하면 몸에 부담감이 전달됩니다. 그러다 임계점에 다다르면 정말로 갑자기 뚝 하고 뭔가가 끊어지는 느낌이 듭니다.

몸만 그렇다면 그나마 다행이지만, 정신적인 문제로 비화되면 문제가 심각해집니다. 갑자기 우울감이 엄습하거나 누구도 만나고 싶지 않거나 침대에서 꼼짝도 하고 싶지 않은 경우가 그렇습니다.

이를 '번아웃증후군burn-out syndrome'이라고 하는데, 이런 상황이 초래된 이유는 몸의 비명소리를 제때에 알아차리지 못한 결과이자 몸을 쉬게 하지 않은 결과이기도 합니다.

어느 지점에서 이것을 깨닫고 멈춤 버튼을 누르면 탈이 나지 않지만 쓸데없는 자기과시나 경쟁심 때문에 몸이 비등점에 다다르면 결국 신체적으로나 정신적으로 모든 에너지가 펄펄 끓게 되어 돌이키기 힘든 상황이 됩니다.

자기 몸에게 억지로 뭔가를 강요하는

좋아하는 일을 하는 걸 반대할 필요는 없습니다. 인생이란 언제 어디서 끝을 맺을지 모르기에 매일매일 지금 이 순간을 즐기는 것이 제일입니다.

그러나 아무리 내가 좋아하는 일이라 해도 시간이 얼마나 흘렀는지, 나의 에너지가 얼마나 소진되었는지 모르게 그 일에 빠진다면 문제가 심각합니다. 한순간의 만족은 기분 좋을

지 모르지만 몸이 망가질 정도라면 절대 안 될 일입니다.

하루에 한두 번이라도 좋으니 팔다리를 흔들어대는 체조를 해봅시다. 결코 힘든 일이 아닙니다. 단 몇 분이라도 좋으니 팔다리를 가볍게 흔들어보고, 앉았다 일어나기를 반복해보십시오. 몸속의 노폐물을 쏟아내듯이 깊은 심호흡도 필요합니다. 너무 일에만 빠져 지내는 사람은 근육이 굉장히 딱딱한데, 그렇게 근육이 경직되어 있으면 똑같은 상황이라도 남들보다 훨씬 더 상처를 입을 위험성이 커집니다.

몸은 유연성이 있어야 합니다. 유연성은 부드러움의 다른 말로, 몸의 모든 근육이 적당한 수준에서 잘 작동되고 있다는 뜻입니다.

유연성을 가지려면 자기 몸에게 억지로 뭔가를 강요하는 생활 방식은 피해야 합니다. 진정으로 자기 자신을 좋아하려면 이런 작은 일부터 차례로 고쳐나가야 합니다.

✳

어느 지점에서 멈춤 버튼을 누르지 않으면
비등점에 다다른 물이
뚜껑을 밀고 오르듯 폭발하고 만다.

일상의 동작 하나하나에
소리를 내보자

습관화의 무서움

예전부터 지속되어온 의료사고 문제가 오늘날에도 계속 따라다니는 게 사실입니다. 수술 중에 일어나는 실수, 치료할 환자가 바뀌는 일, 잘못된 투약 등 의료인의 행위로 인한 과실이 빈번합니다.

물론 이런 일에는 따끔한 질책이 따라야겠지만 여기서 한번쯤 생각해볼 문제가 있습니다. 의사, 간호사, 전문 의료기사들은 오랫동안 특별한 공부나 훈련을 받아온 전문가가 분명하지만 그 이전에 그들 역시 인간이라는 사실을 잊어서는 안 될 것입니다.

여기서 질문입니다. 사람이 무슨 일에 실수하거나 실패할 때, 그 이면에는 어떤 상황이 존재할까요? 다시 말해서 무엇이 발단이 되어 그러한 부작용이 생길까요? 답은, 집중력이 부족할 때입니다.

의료현장에서 일어나는 수많은 실수도 마찬가지입니다. 아무리 고도의 전문성을 가지고 있어도 집중력이 결여되면 반드시 실수가 따르기 마련입니다.

그렇다면 왜 집중력이 결여되는 것일까요? 이유는 간단합니다. 어떤 행위를 무의식적으로 반복해서 수행하기 때문입니다. 다른 말로 표현한다면 습관적으로 행한다는 얘기인데, 여기서 습관이란 정해진 동작을 뜻합니다.

그렇다면 실수를 막기 위해서는, 다시 말해서 집중력을 되돌리기 위해서는 무슨 일이든 습관적으로 하지 않는 게 필요하다는 얘기가 됩니다.

혼자 무엇을 점검한다고 칩시다. 수백 번이나 해왔기 때문에 익숙해졌고, 습관화되었습니다. 이런 습관화는 당연히 실수를 부르게 됩니다. 두 사람이서 두 번 체크하면 괜찮을 거라고 생각하겠지만 두 사람 다 그 행위가 습관화되었다면 마찬가지입니다.

더 심각한 일은 두 번 체크를 하든, 열 번 체크를 하든 행동하는 만큼 실수가 많아진다는 것입니다. 이런 결과는 자기 혼자가 아니라는 안도감이 전제되기 때문입니다.

지금 이 순간을 자각하는 일

무의식적인 행동이 앞서는 습관화를 없애기 위해서는 '나는 지금 무엇을 하고 있는가?'라는 물음을 확실히 자각해야 합니다. 다시 말해서 무의식에 의지하지 말고 매 순간 번뜩이는 의식으로 최선을 다하는 것입니다.

지금 체크하고 있다, 지금 걷고 있다, 지금 먹고 있다, 지금 보고 있다, 지금 계단을 오르고 있다, 지금 냄새를 맡고 있다, 지금 이야기하고 있다, 지금 듣고 있다……. 이처럼 지금 이 순간을 느끼면서 소중히 하는 태도로 의식을 집중시키는 것입니다.

나는 '지금 이 순간'을 자각하는 일이야말로 무의식을 유의식화하는 중요한 포인트라고 생각합니다. 무의식의 유의식화를 달리 표현하면 지금 하는 행위를 나 자신에게 일치시키는 것입니다. 이런 말을 하면 잘 모르겠다고 하는 사람들이 많습니다. 그런 사람은 차를 마시면서 다음과 같은 행동을 해보기 바랍니다.

"찻잔에 차를 따른다. 무사히 따랐음에 감사한다. 찻잔을 든다. 무사히 들어 올렸음에 감사한다. 찻잔을 입에 대고 마신다. 맛있다. 몸이 따뜻해진다. 감사한다. 조심스레 찻잔을 내려놓는다. 고맙다. 감사하다."

이처럼 하나하나 행동할 때마다 의식을 모으고 감사의 마음을 쌓아나갑니다. 지금 있는 공간에 나 한 사람뿐이라면 부끄러운 마음도 없으니 작은 소리로 하나하나의 행위를 입으로 뱉어보기 바랍니다.

이것은 차를 마신다는 행동을 유의식화하는 것인데, 이를 수학적으로 표현하자면 '차 마시기 행동을 인수분해한다'와 같은 것입니다.

아이들은 스스로의 행위를 빈번하게 입으로 내뱉습니다. 가만히 살펴보십시오. 대부분의 아이들이 그렇게 합니다. 이것이야말로 자기가 지금 '이것이라는 행위'에 집중하고 있다는 확인 행동의 일환입니다.

자신의 생각이나 행동을 일일이 확인해나가면 자신의 행

위에 대해 확실히 인식하기 때문에 안심하게 됩니다. 이제부터 차를 마실 때만이 아니라 여러 상황이 일어나는 동안에 자신이 지금 무엇을 하고 있는지, 지금 어떤 행동을 취하고 있는지를 명확하게 짚어나가기 바랍니다. 동작이 불안한 고령자라면 일상생활에 적용하면 큰 도움이 될 것입니다.

자신의 생각이나 행동을 일일이 확인해나가면
자신의 행위에 대해 확실히 인식하기 때문에
안심하게 된다.

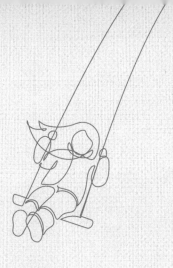

일상은 항상 똑같은 모습에
똑같은 속도로 돌아가지는 않습니다.
언제 무슨 일이 일어날지 아무도 모릅니다.
막무가내로 화를 내거나 짜증을 낸다고 해서
내 마음대로 돌아가지 않는다는 이야기입니다.
일이 일어났을 때 거기에 맞게
능동적으로 대처하면 됩니다.
마음도 몸도 편하게, 유연하게 대처하면 여유가 생깁니다.
그럴 때 나오는 웃음은 아픈 마음을
치유하는 명약이 될 것입니다.

제4장

지금 그대로의
나에게 감사하자

지금 내가 여기 있는 것이
바로 기적이다

우리는 태어나기 전에 이미 승리를 경험했다

내가 평소에 많이 사용하지 않는 말 중의 하나가 '기적'인데, 생물학적으로 본다면 사실 우리들 모두가 기적적으로 태어났으니 모두가 기적의 인간인 게 분명합니다.

우리들은 모두 수정이라는 단계에서 최우수상을 받은 존재들입니다. 따라서 자기에게 아무 재능도 없다고 말하는 사람도 태어나기 전에 이미 우승을 경험한 것입니다.

어릴 때 질병이나 사고로 죽을 뻔했다, 학교나 회사나 가정에서 힘든 일을 겪었다, 일이 너무 안 풀려 죽고 싶다고 생각한 적이 있다……. 그럼에도 우리는 그 수많은 고비를 뛰어넘어 지금 이 순간 이렇게 살아 있습니다.

병원에 응급으로 실려 온 환자를 처음 본 의사들은 그의 상태를 직감적으로 판단할 수 있습니다. 살릴 수 있겠구나, 아니면 아무래도 어렵겠구나 하는 판단입니다.

그런데 정말 기쁜 일은 소생이 극히 어려울 것으로 예상했던 환자가 기적적으로 자가호흡을 하며 실낱같은 생명줄을 붙잡았을 때입니다.

이때마다 느끼는 일인데, 나는 이러한 회복의 모습은 환자 스스로 생명의 욕망을 버리지 않았기 때문에 보이는 것이라고 생각합니다. 다른 사람들은 기적이라 말하지만, 그 사람 자신의 용기와 집념이 그렇게 만들었다는 얘기입니다.

내가 기적에 대해 말하면, 동의할 수 없다고 말하는 사람이 분명 있을 것입니다. 기적이라니, 그런 게 어디 있느냐고 머리를 흔드는 사람 말입니다.

그렇다면 잠깐 숨을 멈춰보십시오. 괴롭습니까? 아니, 의외로 괜찮습니까? 그렇다면 조금만 더, 30분 정도 숨을 멈춰보시겠습니까?

그러면 틀림없이 죽을 테니 더 이상의 도전은 필요 없습니다. 이제 이해하겠습니까? 우리가 살아 있다는 것은, 두 가지 기능이 작용하기 때문이라는 사실을 말입니다.

첫 번째는 호흡입니다. 생체기능이 정상이기 때문에 숨을 쉴 수 있는 것입니다. 두 번째는 환경입니다. 대기에 산소가 있고, 내 몸이 그것을 충분히 받아들일 수 있기 때문에 숨을 쉴 수 있는 것입니다. 이 두 가지는 당연한 일이 절대 아닙니다. 우리가 스스로 정상적인 호흡을 할 수 있다는 것은 기적의 연쇄작용에 의한 결과이기 때문입니다.

지금 존재하는 것이 기적

산소는 대기 중에 21%밖에 존재하지 않습니다. 나머지는 78%가 질소이고, 그 밖에 이산화탄소 등인데 만약 산소 농도가 더 낮으면 인간들은 더 살지 못하고 쓰러질 것입니다. 이런 환경에서 살아내다니, 이 또한 기적이 아니고 무엇이겠습니까?

대학 후배가 결혼해서 첫아이를 낳았는데, 2킬로그램에도 못 미치는 미숙아로 태어났다고 합니다. 이 정도로 취약한 상태에서 태어나는 신생아는 엄마 품 대신 인큐베이터에 들어가게 되는데, 의료진은 아기가 워낙 허약한 상태라 소생을 장담할 수 없다고 했답니다.

그러나 아기는 끝내 살아남았습니다. 의료진의 헌신적인 보살핌도 있었지만, 그보다는 기어코 살아내려는 아기의 욕망이 생명에 호흡을 불어넣었던 것입니다.

의사조차 소생을 기대할 수 없다고 말했던 아기가 제힘으로 살아내다니, 사람들은 그것을 기적이라고 말했습니다. 사실 이러한 기적의 광경들은 병원만이 아니라 우리 삶의 곳곳에서 찾아볼 수 있습니다.

나는 '인간의 한계'라는 제목으로 강의를 할 때마다 2010년 8월에 칠레에서 있었던 구리광산 매몰 사건을 이야기합니다. 당시 33명의 광부들은 구부러진 수직 갱도 입구에서 5킬로미터 정도 떨어진 지하 700미터 지점에 매몰되었습니다.

이 광산은 예전에도 여러 차례 매몰사고가 일어났었고 그때마다 광부의 사망이 뒤따르는 경우가 빈발했기에 처음 이 뉴스를 접한 칠레인 대다수는 그들의 생존 가능성이 희박하다고 생각했습니다.

그러나 광부들은 한 사람의 낙오도 없이 모두 땅속에서 70여 일 동안 생존해 있다가 구출되었습니다. 그동안 광부들은 칠흑 같은 어둠속에서 지하수로 배를 채우며 버텼습니다. 나중에 지상으로 나온 광부들은 저마다 단 한 순간도 자신들이 죽을 거라고 생각하지 않았다고 말했습니다.

서로를 격려하고 응원하는 말들이 허기를 채워주고, 생명을 향한 열망이 그들에게 불빛이 되어주었다는 이야기입니다. 나는 우리가 살면서 맞이하는 기적이란 바로 이렇게 우리의 마음속에 탄탄하게 자리하고 있는 희망의 산물이라고 생각합니다.

당신의 삶을 돌아보십시오. 그때 그 일이 아니었으면 여기 없을 것 같은 기적의 순간이 분명히 있을 것입니다. 그때 그 길로 들어섰더라면 완전히 바뀌었을 인생인데 지금 이렇게 살아 있으니 다행이라는 느낌도 있을 것입니다.

당신이 엄청난 행운아라고 말하는 게 아닙니다. 그럼에도 불구하고 단 하나 분명한 사실은, 당신은 불운하게 살려고 존재하는 것은 아니라는 것입니다. 마음에 무엇을 품느냐에 따라서 얼마든지 기적을 향해 손을 뻗을 수 있는 당신이야 말로 행운아입니다.

자기에게 아무 재능도 없다고 말하는 사람도, 태어나기 전에 이미 수정 단계에서 우승을 경험했다는 사실을 잊지 말자.

144

감사 리스트를
작성하라

너무 많은 사람들에게 빚을 지고 있다

나는 큰 수술을 마친 환자들에게 통증이 심할수록 '감사 리스트'를 써보라고 권합니다. 일반인을 상대로 강의를 하면서도 똑같은 말을 하는데, 이 일은 특별히 어려운 작업이 아니기에 언제 어디서든 당장 시작할 수 있다는 장점이 있습니다.

방법은 간단합니다. 자신이 얼마나 주위 사람들에게 도움을 받아왔는지, 얼마나 감사한지를 일기를 쓰듯이 그냥 자유롭게 써내려가면 됩니다.

내 권유에 따라 하나하나 감사 리스트를 작성하는 환자들은 때로는 미소로, 때로는 눈물로 써내려가면서 자신이 너무도 많은 사람들에게 빚을 지고 있음을 깨닫게 됩니다.

준 것보다 받은 것이 더 많은 인생이라는 사실을 알게 되면, 사람들은 회복의 욕구가 강해져서 감사 리스트를 쓰지 않는 사람보다 훨씬 빠르게 완치하게 됩니다.

어찌 병상의 환자들뿐이겠습니까? 학생도, 직장인도, 가정주부도 자기에게 주어진 것을 하나하나 반추하며 감사의 말을 전해보기 바랍니다.

이런 글이 쌓여서 한 권의 책이 될 정도가 되면 케이스별로 나눠서 보관하고 있다가 나중에 힘든 시간이 되었을 때 비슷한 케이스를 읽어보면 예전에 느꼈던 감사한 마음이 떠올라 힘이 납니다.

나는 첫째 나 자신, 둘째 가족, 셋째 친지로 대상을 나눕니다. 나에게는 무엇보다 나 자신에 대한 감사가 우선입니다. 지금이라는 순간까지 정말 많은 일이 있었지만 어떻게든 헤쳐 나와 살아남은 나 자신에게 감사하고 싶습니다.

또한 나의 몸에도 감사하고 있습니다. 나는 그냥 보통 사람의 평범한 몸을 가지고 태어났습니다. 특별히 내세울 것

없는 보통의 몸으로 60년이 넘도록 버텨왔으니 장하다는 생각이 들어 스스로 어깨를 토닥거려줄 때가 있습니다.

마음에서 우러나오는 감사의 마음

응급의학과 의사라는 직업은 노동 강도가 심한 직업군으로 웬만한 체력으로는 견디기가 힘이 듭니다. 나는 젊은 시절 한때 하루에 한두 시간밖에 자지 못하는 극한 생활을 오랫동안 반복한 적이 있습니다.

웬만큼 강건한 체력이 아니면 견디기 힘들었을 텐데, 내 몸은 용케도 잘 버텨냈습니다. 사람이 일정한 일을 장기적으로 할 수 있는 힘을 지구력이라 하는데, 나는 지구력에 있어서는 남다른 소질이 있으니 정말 감사할 일입니다.

나는 항상 가족에게도 감사하고 있습니다. 한 사람의 의사로서 사회적으로 별 탈 없이 책무를 수행해온 것은 젊은 시절에 부모님이 묵묵히 뒷바라지를 해주신 덕분입니다.

내 동생들은 항상 나를 응원하는 아군으로 내가 하는 말이라면 추호도 의심하지 않고 따라주었습니다. 그리고 아내와 자식들이 있습니다. 여기까지 오는 동안 가족의 지원이 없었다면 나라는 사람은 존재할 수 없었을 것입니다.

나의 동료들, 친구들에게도 감사하고 있습니다. 우리들은 오랜 세월 서로를 격려하면서 사회에서 쓸모 있는 인재가 되자고 다짐하며 열심히 일해왔습니다.

어떤 친구가 곤란한 일을 겪거나 실의에 빠져 있으면 우르르 달려가 술잔을 나누었던 우리는 하나같이 험난한 세상을 견뎌온 전우가 되어 오늘을 살고 있습니다.

무엇이든 상관없습니다. 시간이 날 때마다 감사 리스트를 적어보십시오. 그런 시간이 축적되면 감사와 동시에 내가 살아온 나날들의 기억과 정리에 도움이 됩니다.

내가 살아온 날들을 정리하는 일은 인생의 끝자락에 이르렀을 때 행하는 게 아닙니다. 젊은 시절에도 항상 나를 둘러싼 많은 것들에 마음을 전하는 감사 리스트는 당신의 삶을 더욱 풍부하게 만들 것입니다.

내가 살아온 날들을 정리하는 일은
인생의 끝자락에 이르렀을 때 행하는 게 아니다.

일상은 당연함의
연속이 아니다

사람이 만들어낸 재해

지난 몇 년 동안 인간에 의해 만들어진 것들이 차례로 파괴되는 사건이 줄을 이었습니다. 원자력발전소 사고, 지진 같은 자연재해에 의한 대대적인 파괴, 화재와 수해 등 헤아릴 수 없을 만큼 엄청난 사건들이 많이 일어났습니다.

사람들은 이런 상황을 인재人災, 즉 사람이 만들어낸 재해라고 말합니다. 이런 불행에 대비하지 못한 아둔함과 일이 터졌어도 재빨리 대처하지 못하는 인간의 무력함을 꼬집는 말입니다.

그러나 이렇게 생각하면 어떨까요? 인간은 결코 완벽한

것을 만들 수 없고, 더구나 최근에 일어난 재해들은 우리의 상상을 뛰어넘는 자연 현상들에 의한 일들이 많아서 설마 그런 일이 일어날 줄은 꿈에도 몰랐을 것입니다.

나는 연이어 일어난 사고들을 사람의 잘못으로만 돌리는 것은 무리가 있다고 생각합니다. 자연이란 원래 인간의 능력을 뛰어넘는 위력을 지니고 있으니 그냥 받아들이고 복구 대책부터 찾아야 합니다.

인간의 육체에 죽음이 다가오듯 형체가 있는 것은 때가 되면 반드시 부서집니다. 그것은 어쩔 수 없는 일입니다. 고대 그리스 로마나 이집트 시대의 유산들은 수천 년 세월의 비바람을 견디고 남아 있지만 그것들도 언젠가는 자취를 감추는 날이 올 것입니다.

문제는 끊임없이 일어나는 자연재해입니다. 아무리 과학이 발달해도 언제 어느 정도의 지진이 일어날지 예측하기는 어렵습니다. 홍수도 그렇고, 강풍의 피해도 그렇습니다. 그럼에도 이것을 사람의 탓으로만 돌릴 수 있을까요?

자연재해로 인한 파괴를 재생하는 것은 행정과 정치의 몫이니 일단 접어두고, 우리에게는 그때마다 중요한 역할이 있다고 생각합니다.

인간이 자연에게 너무도 많은 것을 빚지고 있다는 의식이 없으면, 자연은 어김없이 무너지고 깨어져서 인간의 삶을 위협할 것입니다. 그러니 필요한 것이 바로 자연에 대한 겸손입니다. 자연에 대한 고마움, 자연을 보호하는 사명 의식을 가지라는 것입니다.

자연재해는 감사의 마음을 시험한다

자연재해가 일어났을 때, 그것을 지켜보는 사람들은 이러한 마음가짐을 시험당합니다. 이 거대한 자연의 위협에 나는 어떻게 몸을 지킬 수 있을지, 그런 준비가 되어 있는지를 스스로에게 물어보게 됩니다.

사람이 자연을 이길 수는 없습니다. 그럼에도 얼마나 많은 난도질을 하여 자연을 괴롭혔는지, 우리는 반성해야 합니다. 무조건적인 개발은 위험합니다. 있는 그대로의 자연 속에서 더 편안한 우리가 될 수 있는 길을 찾아야 합니다.

세상은 거대한 에너지로 이어져 있습니다. 따라서 어딘가에서 일어난 에너지의 폭발적인 부작용이 세상 곳곳으로 전달되어 언젠가는 나에게 닥칠지 모릅니다.

그 때문에 평소에 서로의 평안을 위해 기도할 필요가 있다고 생각합니다. 기도는 부드럽지만 강한 에너지입니다. 나 자신에게, 가족에게, 친구에게, 나아가 세상 모든 사람에게 자연에 감사한 마음을 갖자고 기도합니다.

군이 서로 손을 잡지 않아도 기도의 마음으로 이어져서 온 지구를 덮는다면, 나는 그 강력한 힘이 세상을 변화시킬 수 있다고 믿습니다.

당연한 일상은 어디에도 없습니다. 모든 것은 전혀 당연하지 않은 것들의 연속입니다. 그럼에도 우리가 손을 잡아야 하는 이유는 인간의 힘으로는 도저히 감당할 수 없는 일들을 우리 힘으로 극복하기 위해서입니다.

인간이 자연에게 많은 것을
빚지고 있다는 의식이 없으면,
자연은 어김없이 인간의 삶을 위협할 것이다.

값싼 물건에
손을 내밀지 마라

환경에 도움이 되는 소비 습관

쇼핑을 할 때 저렴한 물건을 보면 무조건 지갑을 여는 사람들이 많습니다. 백화점에서 대폭 할인이라는 광고 문구만 봐도 심장이 뛴다는 사람도 있습니다.

그런 분들에게 하고 싶은 말은, 그렇게 평균 이하의 저렴한 상품은 당당히 외면하고 약간 비싸더라도 더 좋은 물건을 구매하자는 생각을 하자는 것입니다.

값싼 상품은 빠듯한 가계에 도움을 주니 살림에 보탬이 된다고 하지만, 조금 더 생각해보기 바랍니다. 그런 물건들은 대개 대량생산입니다. 팔다 남은 재고나 반품된 상품일

수도 있습니다.

　결과적으로 그런 상품들은 대부분 얼마 쓰지 못하고 대량의 폐기물로 전락하게 됩니다. 분명히 집안 살림에도 도움이 안 되고 돌고 돌아서 자연파괴나 자원의 고갈, 환경의 변화로까지 이어져서 결국 지구에는 전혀 도움이 되지 않는 상황이 된다면 심각한 일입니다.

　몇 년 전부터 환경에 막대한 피해를 불러오는 플라스틱 문제 때문에 '플라스틱 빨대를 쓰지 말자'는 운동이 세계적으로 유행했습니다.

　그러나 플라스틱 빨대만으로는 턱도 없습니다. 정말로 플라스틱 문제를 해결하려고 한다면 음식점이나 슈퍼, 편의점 등에 줄지어 있는 식품 포장용 플라스틱을 비롯해서 세상 모든 공간에 존재하는 플라스틱 제품을 모조리 없애야 할 것입니다.

　플라스틱은 일정한 온도를 가하면 물렁물렁해지는 특성이 있습니다. 그래서 이것을 틀로 누르면 어떤 형태든지 손쉽게 만들 수 있고, 쇠처럼 녹슬지도 않으며 가벼우면서도 튼튼해서 세계적으로 다양한 용도로 사용되어왔습니다.

그런데 결정적인 문제가 하나 있으니 제품으로써의 수명은 짧은 데 비해 플라스틱이라는 성분 자체의 분해 주기가 반영구적일만큼 길어서 썩지 않기 때문에 환경오염 문제를 일으킨다는 점입니다.

우리는 모두 환경운동가

세계적으로 유명한 해변들이 먼 바다에서 밀려든 플라스틱 때문에 폐허가 되고 있다는 뉴스를 자주 접합니다. 플라스틱이 생태계의 교란뿐만 아니라 인간 생활 영역까지 무너뜨리고 있는 셈입니다.

그렇지만 내 생각에 플라스틱 빨대는 일종의 희생양인 것 같습니다. 세상 어디서든 쉽게 눈에 띄는 물건이기에 표적이 된 것입니다. 게다가 플라스틱 빨대를 만드는 사람은 대개 영세 공장주들인데, 그들은 반격할 정도로 강력하지 않으니 표적 삼아 죄인으로 모는 것 같습니다.

사실 세계적인 거대기업들은 플라스틱을 없애자는 운동에 동참하기는커녕 어떻게든 플라스틱을 지속시키려고 발버둥 쳐왔습니다. 플라스틱의 대체재들은 제조 원가 면에서 비교가 안 되게 비싸기 때문입니다.

그래서 이래저래 플라스틱 빨대를 없애자는 운동이 지구 보호에 얼마나 기여했는지 의문입니다. 자연보호 운동은 무엇보다 끈질긴 생명력이 우선인데 용두사미 식으로 흐지부지되고 말았다는 안타까움이 있습니다.

그럼에도 불구하고 빨대 소동에서 배울 것이 있었습니다. 그것은 우리들의 일상에서 플라스틱이 빼놓을 수 없는 존재로 자리매김했다는 사실의 재확인입니다.

사실 우리 주변엔 플라스틱처럼 필요악으로 군림하는 것들이 너무도 많습니다. 인간 생활이나 생산 소비의 과정에서 배출되는 매연, 분진, 악취, 소음, 오수, 폐기물, 방사능 물질도 플라스틱만큼이나 골칫거리가 되어 있습니다.

수많은 환경 공해 중에서도 특히 소음은 인간의 정신건강에 큰 영향을 끼치는 원흉으로, 문명의 발달과 더불어 한층 더 심해져가고 있습니다. 문제는 아무리 과학이 발전해도 소음의 폐해를 막을 길이 요원하다는 사실입니다. 과학의 발전이 곧 소음을 강화하는 지름길이기 때문입니다.

의학계에서는 소음 공해를 몹시 경계합니다. 반복적인 소음의 폐해로 인해 영구적인 난청이 발병하는 환자도 있고, 짜증과 스트레스로 인해 혈압이 높아지거나 맥박이 증가하여 병원에 실려 오는 환자도 있습니다. 심지어 아파트 층간 소음문제로 살인사건이 일어나기도 했습니다. 소음의 심각성을 말해주는 단적인 사례라고 할 수 있겠습니다.

나는 환경문제는 결코 감정적으로 다루지 말고 여러 사람들의 생각을 주고받으면서 냉정하게 연구하고 분석해서 대처하는 게 필요하다고 생각합니다.

환경운동을 남의 일이라고 생각하지 말고 일상생활에서 소소하고 하찮은 일들부터 세심하게 지키는 게 중요합니다. 예컨대 자기 자신을 좋아하듯 남들도 존중해주는 태도도 마찬가지입니다. 그렇습니다. 우리 모두 환경운동가입니다.

❋

환경운동은 남의 일이 아니다.
일상생활에서 소소하고 하찮은 일들부터
세심하게 지키는 게 중요하다.

기차로 갈 수 있는 곳을
비행기로 가지 마라

기차를 타고 가는 여유가 있어야

교통수단으로 무엇을 이용할지 결정하는 것만으로도 지구에 공헌할 수 있다고 생각합니다. 나는 기차로 갈 수 있는 곳은 가급적이면 비행기로는 가지 않으려고 합니다.

기차로 4시간 정도 걸리는 곳에는 으레 비행노선이 있는데, 비행기를 탄다고 해봤자 거의 비슷한 시간에 목적지에 도착하곤 합니다. 비행기는 타고 내리는 데 준비시간이 너무 많이 들기 때문입니다.

나는 원래 철도 마니아이기도 하지만 비행기보다 기차를 선호하는 이유는 나만의 시간을 느긋하게 즐기는 여유 때문입니다. 유럽에서는 여행자들 사이에 '날아다니는 부끄러움'이라는 말이 있을 정도로 비행기 여행에 대한 거부감이 일반화되어 있습니다.

이것은 비행기라는 교통수단을 부정하는 게 아니라 급한 업무 때문에 비행기로 후딱 다녀와야 하는 상황이 아니면 되도록 기차 같은 대중교통을 이용하라는 뜻입니다.

이런 말에 물론 이의를 제기하는 사람들도 분명이 있을 것입니다. 특히 비즈니스맨처럼 시간이 곧 돈이라는 인식 때문에 비행기를 선호하는 사람들이 그렇습니다.

당연히 시간은 돈이라는 의식은 중요합니다. 하지만 정말로 세상 모든 일이 시간을 다투는 일들뿐이겠습니까? 모든 일이 상대방과 직접 대면하지 않으면 안 되는 일들입니까?

요즘은 인터넷상으로 화상회의가 보편적으로 행해집니다. 본사에서 멀리 떨어져 있는 영업점이나 거래처와도 핸드폰 하나면 금세 연결이 됩니다.

그런가 하면 기업사회에서는 재택근무 제도가 보편화되어 이동에 따른 비용을 크게 단축할 수 있게 되었습니다. 상대방과 아무 제약 없이 영상을 통해 대화를 나눌 수 있습니다.

공짜로 건강을 지킬 수 있는 방법

당장 급하게 움직이지 않으면 안 될 때나 비행기가 아니면 다른 교통수단이 없는 경우엔 비행기로 가더라도 웬만한 업무나 여행이라면 열차를 이용하면 좋을 테고 절대로 대면하지 않으면 안 되는 일 이외에는 처음부터 이동할 필요조차 없지 않을까 싶습니다.

내가 아는 대기업 회장은 국내 출장길에는 반드시 기차를 이용한다고 합니다. 비행기는 수속이니 탑승이니 해서 절차가 복잡한데, 기차는 한번 타면 자기만의 시간 속에서 사업 구상을 할 수도 있고 차창 밖을 내다보며 모처럼 한가하게 보낼 수 있어 좋다고 합니다.

나는 함께 일하는 병원 가족들에게 무시로 사용할 수 있는 기차표를 자주 선물합니다. 직원들은 몸도 마음도 피곤에 절어 있을 때 기차에 몸을 싣고 달리다 보면 가슴까지 후련해져서 스트레스가 사라진다고 합니다.

당신에게 무엇에도 구속되지 않는 삶을 위해 왕복 하루짜리 기차여행을 다녀오기를 권합니다. 그 하루가 인생에 새로운 즐거움을 선물해줄 것입니다.

아주 가까운 곳에 가는데도 기어이 자가용을 이용하는 사람들도 있는데, 기름으로 달리는 자동차가 얼마나 환경에 부하를 주는지는 여기에 적을 필요도 없을 것입니다.

자동차보다는 자전거, 그보다 더 좋은 것은 걷기입니다. 시간은 스스로 조율할 수 있습니다. 이런 여유가 공짜로 건강을 지킬 수 있는 결과로 이어지고, 이런 시간들 속에서 자아성찰을 하게 되니 일거양득이 됩니다.

여유를 통해 공짜로 건강을 지킬 수 있고,
이런 시간들 속에서 자아성찰을 하게 되니 일거양득이 된다.

무엇을 먹을지
고민하기 전에

채식주의자는 아니지만

채소나 육류 등 식재료를 만드는 사람들, 이를 가공하는 사람들, 요리하는 사람들, 나아가 이 모든 것을 창조하신 조물주에게 고맙게 잘 먹겠다며 감사하는 마음을 느껴보십시오. 나는 이것이 식사의 예의이자 건강하게 살기 위한 방식이라고 생각합니다.

나는 하루 세 끼를 발효현미로 해결합니다. 백설탕은 거의 먹지 않고 두부, 달걀, 빵은 적당히만 먹습니다. 술은 한 방울도 마시지 않고, 될 수 있는 한 계절에 따른 식재료를 먹으려고 노력합니다. 담배는 당연히 사절입니다.

나는 가공된 것이 아니라 자연 그대로의 상태인 재료를

즐겨 먹습니다. 예전에 발표한 책《오래 사는 것에 얽매이지 않는다長生きにこだわらない》에서 나의 식사 메뉴를 포함해서 평소의 식습관에 대해 쓴 적이 있는데, 거기에 내가 원래 육식을 좋아하지 않는다고 밝혔습니다.

솔직히 말해서 예전에는 별 의식 없이 아무렇지도 않게 육식을 하기도 했지만, 언젠가부터 일절 입에 대지 않고 있습니다. 그렇다고 드러내놓고 채식주의자라고 말하지는 않습니다. 그냥 나만의 식습관으로 지켜나갈 뿐입니다.

강연을 하다 보면 육식을 그만두니 어떤 변화가 있는지 묻는 사람들이 많습니다. 그러면 나는 이렇게 말해줍니다.

"육식을 그만둔다고 해서 몸이 안 좋아지는 일은 전혀 없습니다. 체중의 증감 같은 것도 없고 근육이 줄어드는 일도 없습니다."

게다가 육식을 고집하지 않으면 심리적인 면에서 식습관의 부담이 사라집니다. 무엇을 먹을지 고민하는 스트레스도 사라집니다.

그렇다고 해도 다른 사람들에게 채식주의를 추천하지는 않습니다. 사람에게는 저마다 음식에 대한 취향이 있습니다. 육식을 피하는 것은 어디까지나 나의 마음입니다.

물의 소중함을 안다면

사람은 먹고 싶은 것을 먹는 것이 제일입니다. 자신이 좋아하는 것을 밸런스에 맞게 감사하며 먹는 것이야말로 좋은 식습관입니다. 그러니 누군가 육식주의자라 해서 배척할 일도 아니고 채식주의자라 해서 자랑할 일도 아닙니다.

다만 한 가지 물에 관해서는 꼭 말해두고 싶은 게 있습니다. 도쿄대학 미래비전연구센터 오키 타이칸沖大幹 교수가 이끄는 연구팀의 조사에 따르면 소고기 100그램을 만들기 위해 필요한 물이 약 2,000리터라고 합니다. 다시 말해서 100그램의 소고기를 생산하는 데 물이 2톤이나 필요하다는 이야기입니다.

이유는, 소가 먹는 곡물을 생산하는 동안에 대량의 물이 필요하기 때문입니다. 그 곡물도 양질의 식물은 아닐 것입니다. 목축업자들은 소의 비육에 도움이 되는 다량의 비료 물질을 투하할 것이기 때문에 이 또한 환경에 치명적인 결과를 초래합니다.

돼지고기나 닭고기도 소고기만큼은 아니지만 상품화될 때까지 대량의 물이 필요합니다. 역시 곡물의 대량생산 때문인데, 이 때문에 필요한 물의 양은 엄청날 것입니다. 그렇지 않아도 지구온난화 탓에 수자원 고갈이 심각한데 인간이 먹어치우는 육류 때문에 지구는 급격히 메말라가고 있습니다.

그렇다고 내가 무슨 거창한 사명감 때문에 채식을 하고 지구의 건강을 말하는 건 아닙니다. 그냥 이 시대를 살아가는 한 사람의 시민으로서 지구 환경에 조금이나마 보탬을 주고 싶다는 소박한 마음입니다.

당신도 동참하시기 바랍니다. 육식을 하더라도 물에 대해 생각하면 예전보다는 조금 겸허한 마음이 될 것입니다. 이렇게 작은 마음들이 모이면 우리가 사는 세상을 조금이나마 좋은 곳으로 만들어갈 수 있을 것입니다.

❋

수자원 고갈이 심각한 지금,
인간들이 먹어치우는 육류 때문에
지구는 급격히 메말라가고 있다.

먹는 법은
자기 몸이 정하는 것

전체 안에서 나름의 밸런스를

최근 고혈당이 몸에 끼치는 악영향 때문에 식사 후에 될 수 있는 한 혈당치가 올라가지 않도록 하자는 운동이 활발합니다. 운동의 상세 내역은 다음과 같습니다.

첫째, 먹거리는 굽기보다 삶는다. 삶는 것보다 더 좋은 것은 생식이다.

둘째, 섬유질이 많은 식재료부터 먼저 먹는다.

셋째, 백설탕이나 백미같이 정제된 백색 음식이 아닌 것을 먹는다.

이런 운동을 펼치는 사람들은 될 수 있는 한 자연적인 형태의 식재료를 즐기면서 혈당치 상승의 억제에 대해서도 염두에 두라고 권합니다. 그들은 이것이 바로 '자연계와 자신의 몸'에 대한 감사의 태도라고 말합니다.

잡지나 서적, 인터넷에는 '이것을 섭취하라', '이것을 매일 먹으면 ○○이 낮아진다' 같은 정보가 쏟아지지만 그런 정보들은 한 귀로 듣고 한 귀로 흘려보내야 합니다.

TV에 빈번하게 방송되는 요리 프로그램을 보면 걱정되는 게 많습니다. 그렇게 요란하게 먹고 마시는 식습관은 틀림없이 몸에 자극적인 위해를 가할 것입니다.

무엇보다 요리 프로그램에 소개되는 식자재와 요리사들이 만들어내는 음식은 일반인들로서는 흔히 먹어볼 수 있는 것들이 아닙니다. 그러니 그런 음식에 현혹되면 안 됩니다.

내가 보기에 그런 정보들은 하나의 관점에 크게 치우친 것들이 많으니 무조건 쫓아가거나 모방하지 말고 전체 안에서 나름의 밸런스를 찾아야 할 것입니다.

한번은 요리 프로그램에 나온 중년의 코미디언이 혼자서 거의 7인분에 달하는 소고기를 먹어치우는 걸 보았습니다.

그 사람의 체격이 유독 크고 나름의 소화기능을 갖추고 있다고 해도 이 정도는 너무한 것입니다.

또 한번은 가냘픈 체격의 여배우가 자신의 다이어트 경험을 얘기하면서 자기는 하루에 한 끼만 먹는다고 자랑했습니다. 그런데 그 '한 끼'라는 게 자그마한 빵조각 두세 개에 불과했습니다.

항상 몸의 소리에 귀를 기울이자

이래 가지고서야 영양분의 고른 섭취는커녕 영양실조로 쓰러질 지경입니다. 그런데도 그 여배우는 이런 식습관으로 항상 37킬로그램 미만의 체중을 유지하고 있다고 자랑했습니다.

물론 사람의 체질이란 똑같지 않습니다. 누구는 한 줌의 빵으로 끼니를 때워도 살 수가 있고, 누구는 소고기 7인분은 먹어야 포만감을 느낄 수 있습니다.

그렇다고 해도 누구에게나 적정한 수준의 영양을 섭취하는 일은 매우 중요합니다. 이것은 넘치도록 많아서도 안 되고, 모자라서도 안 되는 일입니다.

중요한 것은 유명 요리사가 아니라 나 자신의 목소리입니다. 어떤 음식을 먹거나 마신 뒤에 위화감이 생기면 몸이 싫어한다는 증거입니다. 이럴 때는 즉시 먹기를 멈추고 그 음식에 대해 고민해봐야 합니다.

나는 음식에 대해서는 나름의 고집이 있는데, 세상에 떠도는 정보에 휘둘리지 않고 타인의 식성과 비교하지 않으며 먹고 싶어질 때도 무리해서 먹지 않는 것입니다.

그러면서 항상 몸의 소리에 귀를 기울입니다. 항상 적당히 먹는다, 내 몸에 맞는 음식만을 먹는다, 하루 세 끼를 제때에 먹는다, 그리고 한 가지 더 말하자면 항상 조금 부족한 듯이 배를 채운다……. 당신도 몸의 소리에 자주 귀를 기울여보기 바랍니다. 그 소리를 들을 수만 있다면 최고의 건강유지법이 될 것입니다.

✳

어떤 음식을 먹은 뒤에 위화감이 생기면
몸이 싫어한다는 증거이니 즉시 먹기를 멈추고
그 음식에 대해 고민해봐야 한다.

1회용품은
정말 괜찮은가

일본에서 유럽 관광객들이 가장 많이 찾는 곳

플라스틱과 마찬가지로 한 번 쓰고 버리는 1회용품에도 환경을 위해 반드시 신경을 써야 합니다. 사실 1회용품은 여러 가지 장점이 있습니다. 생산자 측에서 보는 가장 큰 장점은 재구입일 것입니다. 몇 번이나 구입해줌으로써 기업의 매출이 안정됩니다.

소비자 측에서도 장점이 있습니다. 그것은 외견, 기능, 그리고 위생적인 측면이 향상된다는 점입니다. 여기에 생활용품이라면 가치적인 측면에서도 이득입니다.

100엔 샵처럼 균일한 가격으로 판매되는 점포가 국내외

에서 크게 성공한 이유는 사회 전체에 1회용이라는 행위가
완전히 정착된 결과입니다.

그래서인지 요즈음 일본에 오는 유럽 관광객들 상당수가
제일 먼저 100엔 숍에 가고 싶어 한다고 합니다. 한 번 쓰고
버리면 그만인 편리성이 그들을 사로잡는 것입니다.

요즘에는 의료업계에서 1회용이 일상적인 일이지만, 예전
에는 아니었습니다. 시설에 따라서는 바늘이나 튜브 하나라
도 소독을 하거나 멸균해서 재활용했는데 언젠가부터 미국
방식이 도입되면서 이런 관행들이 사라지기 시작했습니다.

의료선진국인 미국에서는 바늘뿐만 아니라 치료에 사용
되는 대부분의 기구들이 1회용으로 개별 포장되기 때문에
치료가 종료되면 포장지와 기구들을 폐기처분하게 됩니다.

사실 1회용 의료용품의 탄생은 2차 세계대전과 깊은 관계
가 있습니다. 어마어마한 희생자를 낳았던 전쟁의 와중에 의
료용품의 소독이니 멸균은 엄두를 내지 못했습니다.

그렇다고 한 번 사용한 주삿바늘이나 튜브 같은 것을 재
활용하자니 위생적인 측면에서 말이 되지 않았습니다. 필요
는 발명의 어머니라는 말이 있듯이 한 번 쓰고 버릴 의료용

품의 필요성이 대두되었고, 미국은 이런 상황에 재빨리 대응했던 것입니다. 그리고 몇 년 후 이런 의료용품들이 일본에 수입되면서 널리 퍼지기 시작했던 것입니다.

1회용품 만능이 두려운 이유

이것은 감염을 예방한다는 위생적인 측면에서 장점이 가장 크고, 소독이나 멸균을 한 뒤에 재활용하기 위해 투입되는 비용을 줄이는 금전적인 면에서도 큰 이점이 있습니다.

지금도 일부 후진국에서는 바늘이나 튜브 같은 사소한 의료용품도 턱없이 부족해서 소독은커녕 방금 사용한 것을 다시 사용하는 등 몹시 비위생적인 상황인데, 그들에게도 1회용품이 제공된다면 인류 건강에 크게 기여할 것입니다.

문제는 우리 생활 전반에 퍼진 1회용품 만능의 풍조입니다. 간단한 음식에서 생활도구까지 1회용이 폭발적으로 늘어나고 있습니다.

그런데 이렇게 탄생되는 1회용품의 대다수가 플라스틱의 신세를 지고 있다는 점이 걱정됩니다. 예전 같으면 금속, 나무, 유리가 재료였을 상품에 값싼 플라스틱을 사용하기 때문입니다.

그러나 엄밀히 말해서 1회용은 인간이 처한 상황이지 지구가 처한 상황은 아닙니다. 우리가 해야 할 일은 1회용 물품을 쓰기는 하되 함부로 남용하거나 버리지 않도록 우선순위를 정하는 지혜를 모으는 것입니다.

지구에 주는 부하를 줄일 수 있다면, 나아가 지구가 제공하는 환경에 감사할 줄 안다면 결국 돌고 돌아 나 자신에게 주는 부담도 줄일 수 있습니다.

이 책에서 자꾸 환경의 중요성을 강조하는 이유는 자기 자신을 좋아한다는 것은 결국 자신을 둘러싼 모든 것을 아껴야 하기 때문입니다. 자연 속에서 자연과 더불어 살아가는 내가 되기 위해 노력하는 우리가 되어야겠습니다.

환경의 중요성을 강조하는 이유는
자신을 좋아한다는 것은
결국 자신을 둘러싼 모든 것을 아껴야 하기 때문이다.

제5장

모든 답은
자기 자신 안에 있다

감각의 둔화는
나이 탓이 아니다

나이를 먹으면 직감도 둔해질까?

어느 강연에서 이런 질문을 받았습니다.

"나이를 먹으면 직감도 둔해집니까?"

직감이란 어떤 사물이나 상황을 접했을 때 그 실체에 대해 그 자리에서 순간적으로 느껴서 아는 것입니다. 사실 우리가 일상을 꾸려나갈 때 순간순간의 직감에 의존하는 경우가 많기에 매우 중요한 신체 기능이라고 할 수 있습니다.

늙으면 이런 감각이 둔화되느냐 하는 질문은 중장년이 되면 누구나 신경이 쓰이는 문제이기에 꽤 의미 있는 말이라고 생각했습니다.

이 물음은 노년의 최대 골칫거리 중 하나인 치매와도 연결되기에 그렇습니다. 치매는 노인의 인지 기능과 자아존중감을 급격히 떨어뜨리고, 우울감 및 일상생활의 수행 능력을 상실하게 한다는 점에서 꼭 주목해야 할 질병입니다.

우리는 살면서 자기도 모르는 사이에 직감의 도움을 받게 되는데, 문제는 나이를 먹어가면서 시각, 후각, 미각, 청각, 촉각 등의 감각이 다양한 방법으로 침해를 받는다는 점입니다.

젊었을 때는 칼끝처럼 예민하던 감각이 나이를 먹으면서 점차적으로 둔화가 일어납니다. 평형감각의 둔화, 기초적인 운동기능의 경직화, 근력의 둔화가 시작되는데 우리는 무력하게 이 모든 것을 받아들일 수밖에 없습니다.

따라서 나이를 먹으면 직감이 둔해진다고 생각하는 것도 틀린 말은 아닙니다. 그러나 의학적인 측면에서 말하자면 사람은 나이와 비례해서 직감이 둔해지는 것은 결코 아닙니다.

젊은 사람이라도 직감이 둔할 수 있고, 고령자라도 직감이 예리한 사람도 많습니다. 이는 개별적인 환경이나 경험치 등과 관계가 있다는 뜻입니다.

쓸데없는 일에 정신력을 낭비하지 말자

우리는 연령에 관계없이 불안이나 공포, 외로움 같은 부정적인 감정 때문에 직감이 둔해지는 경우가 많습니다. 그만큼 스트레스는 마음의 벽에 금이 가게 하는 원흉이라고 할 수 있습니다.

그리고 한 사람이 처한 환경 조건에도 영향을 받습니다. 과다하게 일을 많이 하는 등의 근무 조건과 태도가 직감을 둔하게 합니다.

나는 이를 경험으로 알게 되었습니다. 젊어서부터 직업상 뇌를 너무 사용하다 보니 컴퓨터나 스마트폰에 빗대자면 하드디스크가 뜨거워진 상태가 되었습니다.

평생을 발명에 몰두한 에디슨Thomas Edison은 건망증이 심하기로 유명했습니다. 은행에 가서 돈을 찾으려고 출금전표에 금액을 적었는데, 자기 이름이 생각나지 않아 끝내 필요한 돈을 찾지 못했다는 일화는 유명합니다.

우리는 누구나 나이를 먹으면서 서서히 무리한 행위를 절제하게 되지만, 그래도 불안이나 두려움 같은 부정적인 감정으로 인한 정신력 낭비까지 완전히 차단할 수는 없습니다.

의사들은 노인들에게 이런 생활환경은 건망증을 심화시키는 원인이라고 말합니다. 대신 건강한 의미의 생각, 말하자면 독서나 영화감상 같은 일을 꾸준히 하면 두뇌의 힘을 뒷받침하게 됩니다.

그런 의미에서 나는 중장년층에게 부정적인 일에 너무 머리를 쓰는 일은 피하라고 권유합니다. 항상 예술과 문화를 가까이하면서 마음의 평온을 유지하면 나이가 들어서도 직감이 급격히 둔화되는 일을 방지할 수 있을 것입니다.

다시 한 번 말하지만 직감은 중장년층에게 당연한 함정 같은 게 아닙니다. 자신이 하기에 따라서 얼마든지 젊었을 때 못지않게 활발한 뇌력을 발휘하며 살아갈 수 있습니다.

항상 예술과 문화를 가까이하면서
마음의 평온을 유지하면 나이 들어서도
직감의 둔화를 방지할 수 있다.

세상에
완벽한 것은 없다

사람이 너무 빡빡하게 살면

사람은 누구나 불완전한 존재입니다. 부족하기 때문에, 무엇인가를 학습할 필요가 있으니까, 우리들은 그때마다 입장이나 조건을 바꾸면서 몇 번이나 거듭나는 것입니다.

그렇다고 사람이 무엇에 쫓기듯이 너무 빡빡하게 살면 인생 자체를 즐길 수가 없게 됩니다. 완고하거나 신경질적인 사람일수록 마음이 병들어 버린다든가 자율신경이 망가지는 경우가 많은데, 그것은 지나치게 완벽을 추구하기 때문이라고 생각합니다.

내가 평생을 일해온 의료현장에도 완벽이라는 상황은 없

습니다. 이것은 의료인들 사이의 암묵적인 이해입니다. 의사도 실수할 수 있고, 명약도 부작용이 생길 수 있다는 묵시적인 이해입니다.

원래 서양의학은 대응요법입니다. 몸 상태가 나빠지고 나면 의료기관에서 그 상태에 따라 대응을 해주는 것입니다. 대응이란 의료매뉴얼에 따른 가이드라인에 따라 진단하고 치료하는 과정을 말합니다.

의사들은 현재 상태를 정밀하게 파악 분석한 뒤에 진단을 하고, 응급도가 높은 경우를 제외하고는 환자의 의향을 참고하여 치료법을 택합니다.

치료 효과의 예측은 어디까지나 '확률론'입니다. 좋아지는 것도, 나빠지는 것도 몇 퍼센트라고 하는 예측론에 불과합니다. 문제는 확률의 해석이 결점을 가지고 있다는 것입니다.

예를 들어 어떤 병에 걸려 5년 뒤에 생존 확률이 50%라는 진단 결과를 받으면 기분이 어떻겠습니까? 5년 뒤에는 죽는다는 암울한 운명을 한탄하며 울음을 터뜨릴 것입니다.

하지만 5년 뒤라는 말을 듣고 완벽하게 그 기간을 상상할 수 있는 사람은 없습니다. 5년 뒤에 어떻게 될지는 예측한 의사조차도 알 수 없는 미지의 일이기 때문입니다.

앞으로 몇 년을 더 살고 싶습니까?

의사는 예언자가 아닙니다. 의사는 다만 확률론을 말할 뿐으로, 솔직히 말해서 이런 식의 숫자놀음은 불완전한 미래에 대비한 의료 쪽의 변명을 전제로 하고 있는 것입니다.

생명이 6개월 남을 확률이 80% 이상이라는 말을 들은 사람도 6개월은커녕 6년을 살아내고도 건강한데, 환자에게 나머지 20%의 기적이 일어났다고 변명하는 의사도 있습니다.

생존 확률 50%라는 말을 들으면 대부분은 즉시 활기를 잃고 상태가 더 악화되고 맙니다. 건강한 사람과 마찬가지로 인간은 활기를 잃게 되면 면역력이 떨어집니다.

면역력이 하락하여 마침내 소실점에 이르면 사람은 정말로 죽음에 이르게 됩니다. 차라리 그 따위 말을 듣지 않은 것만 못하다는 얘기입니다.

어떤 의사는 담당하는 환자에게 '앞으로 몇 년을 더 살고 싶습니까?'라고 묻는다고 합니다. 이런 말을 들으면 답을 하는 데 막막해지지 않겠습니까? 제아무리 건강한 사람이라도 언제 죽을지 모르는데 말입니다.

우리가 앞으로 어느 정도 살 수 있을지 모르는 것은 질병 탓에 치료를 계속 받아야 하는 사람만이 아니라 건강한 우리 모두가 똑같습니다. 모두에게 내일에 대한 보장은 없습니다.

병원의 세계에서는 현대의학의 힘으로는 알 수 없는 일들이 빈번하게 일어납니다. 그 사람의 상태에 따라 다르겠지만 오히려 부가적인 치료나 수술을 하지 않는 편이 좋을 때도 있습니다.

의료에 완벽이라는 상황이 존재하지 않는다고 말하는 이유는 이 때문입니다. 어디 의료현장뿐이겠습니까? 완벽 같은 것은 세상에 없습니다.

그렇기에 자신에게도, 타인에게도 완벽을 요구하지 말아야 합니다. 조금은 불완전한 부분을 남겨놓고 살아가는 게 좋다는 얘기입니다.

우리의 진짜 행복은 인생의 여백을 조금씩 채워나가는 데 있습니다. 물론 쉬운 일은 아닙니다. 그러나 그런 식의 채움이야말로 우리가 진정으로 성장해나가는 모습입니다. 완벽이 아니라 비움이고, 그 자리에 조금씩 부족한 것을 채워나가는 채움입니다.

의학계의 존경을 받는 정신과 의사 사이토 시게타^{斎藤茂太} 박사는 평생을 인간관계, 스트레스 같은 정신적 문제를 연구한 분으로 '마음의 명의'로 불렸습니다. 그분은 저서에 이런 글을 남겼습니다.

"많이 넘어져본 사람일수록 쉽게 일어선다. 반대로 넘어지지 않는 방법만을 배우면 배울수록 일어서는 방법을 모르게 된다. 그러니 걸핏하면 넘어지는 사람은 '나는 일어서기의 천재다!'라는 자부심을 가져라. 그것이 인생을 즐겁게 보내는 비결이다."

그렇습니다. 조금은 불완전한 부분을 조금씩 채워나가다 보면, 당신은 어느새 '채움의 천재'가 되어 있을 것입니다. 완벽하게 태어난 사람은 없습니다. 벽돌을 쌓아나가듯 하나하나 채워나가는 당신이 되기를 바랍니다.

삶이란 인생의 여백을 조금씩 채워나가는 것,
채움이야말로 우리가 진정으로 성장해나가는 모습이다.

책은 가장
가까이 있는 도피처

책 한 권만 옆에 있으면

우리가 살면서 가장 자기답게 존재할 수 있는 곳은 어디일까요? 삶이 외롭고 힘들 때마다 사람마다 도피할 공간은 다르겠지만, 나는 책이라는 공간을 추천하고 싶습니다.

조금은 뻔한 말이지만, 책은 그 자체가 현실세계를 벗어날 수 있는 우주 공간입니다. 거기서 배우고 상상하고 사색하면서 현재의 내가 아닌 또 다른 나를 꿈꿀 수 있습니다.

젊은 시절 일벌레로 지내는 동안에 내가 쉴 수 있는 곳은 대학병원의 연구병동 안에 있던 내 방이었습니다. 그곳은 작은 창이 있는 1인실로 내 몸 하나 간신히 간수할 수 있는 비좁은 곳이었습니다.

몸 하나 자유롭게 움직이기도 힘든 공간에서, 그럼에도 내 머릿속은 항상 무한대로 뻗어나가는 세상이었습니다. 책 한 권만 옆에 있으면 나는 세상에서 가장 자유로운 영혼이 될 수 있었습니다.

세 살 무렵에 뇌전증을 진단받고 평생을 중증 장애인으로 살아야 하는 운명을 타고난 칸바라 코우야神原康弥 씨는 전국을 휠체어를 타고 다니며 강연회나 작가활동을 하는 사람입니다.

몸이 자유롭지 못하고 말도 어눌하지만 용기와 희망이라는 주제로 펼쳐지는 그의 강의는 수많은 사람들에게 감동을 전달하고 있습니다.

그는 스스로 몸을 움직일 수 없어서 항상 보조해주는 사람이 필요한 상태입니다. 그런데 칸바라 씨의 예지력은 동물이나 식물과 교류가 가능하고, 미래의 세상과도 교신이 가능하다고 합니다.

인간은 저마다 철저히 봉인되어 있는 잠재능력을 갖고 있는데, 이를 풀가동하면 남다른 재능을 발휘할 수 있다고 합

니다. 칸바라 코우야 씨는 이런 재능을 바탕으로 사람들에게
자신의 잠재력을 계발하고 발휘하라고 강의하고 있는 것입
니다.

나보다 앞선 사람들의 땀과 눈물

그는 지난 30년 동안 3,000권에 달하는 책을 섭렵했다고
합니다. 1년에 100권꼴로 책을 독파했다니 그의 노력을 짐
작할 수 있습니다. 그는 이렇게 책을 통해 얻은 지식과 지혜
에다 자기만의 예지력을 더해 뛰어난 작가가 되었습니다.

나는 칸바라 씨를 직접 만난 적은 없지만, 오늘의 그를 만
든 것은 타고난 예지력이나 매일같이 궁극의 상황을 마주해
야 할 육체적 한계 때문이 아니라 지독한 독서 덕분이라고
생각합니다.

책이란 나보다 앞선 사람들이 경험한 땀과 눈물의 기록입
니다. 그러한 경험은 모든 인간들이 공통적으로 나눠 가지고
있는 삶의 고통에 관한 것으로, 그것을 통해 험난한 고비를
극복해나갈 지혜를 배웁니다.

나 또한 힘든 상황에서도 책 속의 몇 줄에 걸친 가르침에

깨달음을 얻어 다시 일어서는 날이 많았습니다. 책은 나에게 도피처이자 희망의 근거였던 것입니다.

우리 마음은 원래 편한 쪽을 택하도록 설계되었다는 말이 있습니다. 스티브 잡스는 이런 말을 남겼습니다.

"혁신이란 천 번의 '아니오!'에서 시작된다."

세상의 모든 책이 말하는 쪽은 불편함, 힘듦, 고됨, 부자유스러움인지도 모릅니다. 그러나 그곳에 성공이 있습니다. 자신을 좋아하는 사람은 기꺼이 그런 방향으로 자신을 몰아갑니다. 책을 만납시다.

✦

세상의 모든 책이 말하는 쪽은
불편함, 힘듦, 고됨, 부자유스러움이지만,
그곳에 성공이 있다.

소수의견을 말하는
외로움을 피하지 마라

곳곳에 만연한 동조압력의 풍조

나는 고등학교 때부터 분위기를 파악하지 못하는 아이였습니다. 많은 사람들이 말한다고 해서 반드시 옳은 것은 아니라고 주장하며 내 멋대로 행동하는 반항아이기도 했습니다.

어른들의 눈에 이런 태도는 분위기를 파악하지 못하는 엉터리이자 세상의 원리에 어울리지 못하는 바보 같은 모습이었을 것입니다. 하지만 나는 다수의 말에 휘둘리지 않고 고집스럽게 내 방식대로 살아갔습니다.

분위기를 파악하라는 말이 있습니다. 예를 들어 어떤 회의에서 지위가 높은 사람이 축사를 시작하면 금세 조용해집니다. 이는 분위기를 파악한 결과라고 할 수 있습니다.

그러나 자기의 생각이나 원칙이 있는데 무조건 분위기를 따르라는 말엔 문제가 있다고 생각합니다. 요즘은 곳곳에 '동조압력'이 만연하고 있는데, 이것은 소수의견을 가진 사람에게 다수의견에 맞출 것을 강요하는 행위를 말합니다.

동조압력이 횡행하는 이유는 독립적인 타자를 허용하는 여유가 없거나 소수의견에 귀를 기울일 만큼 관용적이지 않기 때문입니다. 관용이란 남의 허물이나 실수를 너그럽게 받아들이거나 용서하는 일인데, 사회가 점점 나와 다른 사람을 허용하지 않고 게다가 혹독하게 공격을 합니다. 그렇게 의견이 다른 사람들의 입을 다물게 하는 분위기가 사회를 지배하는 게 오늘의 풍조입니다.

몇 년 전 중견 건설기업에서 일어난 일입니다. 이 회사는 여러 건설사들의 경쟁을 뿌리치고 100층이 넘는 고층빌딩을 짓는 건설 프로젝트를 따냈습니다.

그런데 최종 계약 단계 직전에 담당 부서의 부장 한 사람이 발주기업의 경영 문제를 제기하며 신중하게 접근할 것을 제안했습니다. 이 계약만 체결하면 엄청난 매출이익이 발생

할 일인데 이의를 제기하다니 회사가 발칵 뒤집혔습니다.

CEO 결재까지 마친 일이라 이젠 발주업체와 도장만 찍으면 되는데 부장이 이런 이의를 제기하다니, 회사는 일거에 의견을 무시하고 계약을 체결했습니다.

다양성을 인정하지 않는 풍조가 문제다

사실 이런 일은 기업사회는 물론이고 우리 주변에 흔하게 일어납니다. 최고경영자의 그릇된 판단에 제동을 걸지 못하는 풍조도 그렇고, 상사의 잘못을 지적하지 못하는 분위기도 그렇습니다.

대기업의 경우엔 부작용이 생겨도 재정적인 손실이 크지 않지만, 중소기업이라면 치명적인 피해를 입을 수 있고 이로 인해 생긴 내상 때문에 회사가 망할 수도 있습니다.

건설회사의 경우엔 결과가 어떻게 되었을까요? 회사는 이 프로젝트를 밀어붙였고 부장은 경영진의 따가운 질책과 동료들의 시선을 이기지 못하고 사직서를 제출했습니다.

문제는 발주업체가 건설 도중에 정말로 부도가 나는 바람에 건설 자체가 중단되고 말았다는 사실입니다. 소수의견에 조금만 귀를 기울였더라면 이런 일은 없었을 텐데, 결국 건설회사는 이 일로 큰 피해를 입었습니다.

문제는, 동조압력의 벽을 뚫고서 해야 할 말을 하는 일이 말처럼 쉽지가 않다는 것입니다. 자칫했다가는 그 압력 때문에 울타리 밖으로 내몰릴지도 모릅니다.

나는 그래도 용기를 내야 한다고 생각합니다. 뻔한 진실을 앞에 두고 입을 닫는 것은 비겁할뿐더러, 그로 인한 부작용의 그림자가 나를 덮을지도 모르기 때문입니다.

참고로 건설회사에서 바른말을 했던 부장은 나하고 절친한 후배로, 그 뒤에 국내 최대 기업으로 스카우트되어 일하고 있습니다. 틀린 것을 틀렸다고 말하는 용기와 틀린 것을 정확히 알아본 그의 실력이 스카우트의 비밀이라고 나는 생각합니다.

동조압력의 벽을 넘으려면
틀린 것을 틀렸다고 말하는 용기와
틀린 것을 정확히 알아보는 실력이 필요하다.

굳이 목표가
없어도 괜찮다

목표를 너무 의식하기 때문에 생기는 일들

인생의 목표를 가슴에 새기고 그것을 이루기 위해 열심히 도전하는 사람도 많겠지만, 그런 것이 없어도 괜찮다고 생각하는 사람도 분명히 있을 것입니다.

내 생각은 후자입니다. 이것에 도전하자, 저것이 목표다 하며 이것저것 마음속에 각인시키며 땀과 눈물을 흘리지 않더라도 상관없다고 생각합니다.

나는 지금 살면서 목표나 목적이라는 게 반드시 필요하냐고 묻는 것입니다. 내 경우 무엇이 되겠다고 목표하지 않고 살아왔고, 앞으로도 그럴 생각이 없습니다.

한 사람의 의사로 평생을 살고 있지만 현재 주어진 것에 감사할 뿐 더 이상의 것을 목표하거나 더 많이 가지려고 고집하지 않기에 그나마 오늘의 내가 존재한다고 생각합니다.

월급쟁이 의사 시절에는 병원 시스템에 따라 업무적인 면에서 목표 설정이라는 게 있었습니다. 하루에 얼마의 환자를 진료해야 된다, 그들로부터 얼마의 매출을 올려야 한다는 목표였습니다.

하지만 이것은 어디까지나 업무적인 이야기로, 나는 병원이 설정한 목표를 반드시 달성하려고 노력하지 않았고 개인적으로도 아무것도 따로 목표하지 않았습니다.

우리에게 스트레스라는 괴물이 출몰하는 이유는 목표를 너무 의식하기 때문입니다. 가령 '살아갈 의미가 보이지 않는다', '왜 사는지 모르겠다'고 고민하는 사람들이 있는데 어떻게 될지 모르는 미래의 일에 너무 깊이 빠져서 자기의 마음을 할퀴는 행위는 옳지 않다고 생각합니다.

그렇다고 아무 생각 없이 되는 대로 살라는 얘기가 아닙니다. 오늘에 충실하면서 묵묵히 자기의 길을 가면 언젠가는 인생이 대답한다는 것이 내 생각입니다.

시간은 모든 인간에게 한정되어 있다

강연에서 이런 말을 하면 번쩍 손을 들고 이렇게 말하는 사람이 꼭 있습니다.

"특별히 뛰어난 재주도 없는데, 아무리 노력한들 시간만 흐를 뿐 아무 효과가 없습니다. 나의 미래는 어둡기만 합니다."

요컨대 자신에게 노력은 시간 낭비라는 얘기입니다. 그때마다 나는 이렇게 대답합니다.

"당신이 생각하는 미래 시점에 가보지도 않고 지레 그렇게 생각하는 것은 미래로부터 도망치는 것입니다. 지금 열심히 하고 있다면 계속 그렇게 꾸준히 달려보십시오."

시간은 모든 인간에게 한정되어 있습니다. 미래보다는 지금 이 순간을 살아야 합니다. 더 이상 끙끙거리지 말고 지금을 열심히 살면 됩니다. 공부하는 학생은 공부를, 일을 하는 직장인은 자기에게 맡겨진 책무를 그저 열심히 하면 됩니다.

그럼에도 갈증을 느끼면 밖으로 나가 걸어보십시오. 팔다리를 힘차게 움직여보십시오. 몸을 움직이는 것이야말로 고민이 날아가고 자연스럽게 답을 찾는 길입니다.

나는 등산을 좋아한다고 했는데, 사색이 등산의 가장 큰 이유입니다. 그냥 자연 속으로 걸어가다 보면 내 몸 안에 잠자고 있던 답이 소리 없이 찾아들 때가 많습니다.

답은 나에게, 그리고 자연에게 있습니다. 계속 생각하고, 걷고, 달리면서 답을 찾아보십시오. 너무 높은 목표 때문에 가슴을 앓는 일은 그만두어야 합니다. 그러기보다는 아주 작은 목표, 오늘 당장 해결할 수 있는 소소한 일을 이루려고 노력하십시오. 인생의 답은 그 안에 존재합니다.

너무 높은 목표보다는 아주 작은 목표,
오늘 당장 해결할 수 있는
소소한 목표를 이루려고 노력하자.

나의 유일한
파트너는 나 자신뿐

나 자신에게 응원의 말을 건네자

내가 강연이나 저술을 통해 항상 말하는 것은 자기 자신을 인정하라는 것입니다. 내게 주어진 것이 부족하다고 탓하기 전에 가진 것에 대한 인정과 감사를 전하면 인생 자체가 달라집니다.

당신은 당신 자신을 얼마나 자주 칭찬해주고 있나요? 작은 성과에 만족하며 오늘도 잘 해냈다고 어깨를 토닥이며 응원의 말을 해준 적이 있나요?

나의 편은 궁극적으로는 나 자신뿐입니다. 태어나서 죽을 때까지, 이 세상을 떠나서 저 세상에 갈 때까지 계속 같이 있어주는 것은 나 자신뿐입니다.

그렇기에 나 자신을 부정하지 말고 소홀히 하지도 말아야 합니다. 나를 긍정하고, 예쁘다고 칭찬하고, 훌륭하다고 칭찬해주면 삶은 그만큼 깊어지고 넓어집니다.

사람은 원래 긍정의 산물입니다. 사랑이라는 씨앗으로 잉태해서 희망이라는 탄생의 순간을 맞는 동안 세상에 하나뿐인 존재로 살아갈 권리를 부여받았습니다.

그런데 어느 순간 자신을 의심하고 실패자로 낙인을 찍으며 살아가는 사람들이 아주 많습니다. 인간은 성공하기 위해 태어났다고 하지만, 나는 이런 말에 동의하지 않습니다. 인간은 성공보다는 희망하기 위해 태어났기 때문입니다.

부정은 상대적인 감정에서 나옵니다. 이것은 누군가와 비교함으로써 생기는 감정입니다. 언제나 자신을 부정하는 사람들은 자신에 대해 용납할 수가 없으면서도 누군가에게 인정을 받으려고 줏대 없이 이리저리 방향을 바꿉니다.

하지만 그것은 잘못된 욕구이기에 결국 스트레스만 쌓입니다. 솔직하게 자신을 인정해야 합니다. 언제나 노력하고 있구나, 고맙다고 말해줘야 합니다. 왜냐하면 이렇게 험난한 세상에서 지금 가진 것으로 매일 잘 살아내기 때문입니다.

나보다 나은 누군가와 비교하면

살다 보면 인생이 싫은 일도 생기고, 울고 싶은 날도 있지만 그럼에도 불구하고 우리는 이렇게 살아 있습니다. 그러니까 수고했다고 자신을 칭찬해줍시다.

살아냈다는 감사가 자신에게로 향하면 놀랍게도 자존감이 솟아납니다. 자존감이란 자신을 존중하고 사랑하는 마음으로, 감사하고 칭찬하면 점점 키가 커지게 됩니다.

그러나 자신을 남과 비교하면서 상대적 박탈감을 느끼면 자존감이 형편없이 작아집니다. 그러면 상대방이 나보다 뛰어나게 보여서 부럽다는 감정이 내게 화살이 되어 꽂히고, 그런 통증이 나를 못 살게 합니다.

어디를 보나 상대보다 나은 게 없다고 자신에게 낙제점을 주기 시작하면 아무런 의욕도 생기지 않습니다. 그런데 한번 생각해봅시다. 이런 상황을 만든 것은 누구일까요?

아무리 생각해봐도 범인을 찾을 수 없을 것입니다. 왜냐

하면 상황을 이렇게 만든 장본인은 자기 자신이기 때문입니다. 내 안에 숨어 있는 또 다른 내가 이렇게 만들어버린 것입니다.

이 책의 주제인 '자기 자신을 좋아하는 연습'은 말 그대로 자기 자신을 좋아하는 것이 습관이 되려면 충분한 연습이 필요하기 때문입니다.

아주 작은 것부터 시작해보십시오. 지금 가지고 있는 것을 좋아하려는 노력을 하지 않고, 갖고 있지 않은 것만을 원하고 불평한다면 인생은 어두운 그림자뿐입니다. 나에게 친절을 베풀어줄 파트너는 나 자신뿐입니다. 마음껏 사랑해주십시오.

자기 자신을 좋아하는 것이
습관이 되려면 충분한 연습이 필요하다.
매일같이 자신에게 사랑한다는 말을 건네자.

의리 때문에 자기에게
거짓말을 하지 마라

의리와 진리의 차이

덴마크 격언에 '오랜 약속보다 당장의 거절이 낫다'는 말이 있습니다. 인간은 약속의 동물입니다. 어릴 때부터 어른이 되어서까지 우리는 누군가와 무엇을 약속하며 살아갑니다. 스스로 한 약속, 친구와의 약속, 부부끼리의 약속…….

문제는 약속이 지켜지지 않아서 생기는 갈등입니다. 약속을 철석같이 믿었는데 상대는 그냥 예의상 던진 한 마디였다면 문제는 심각해집니다. 상대의 인생이 달린 문제였다면 더욱 그렇습니다.

나는 본심이 따르지 않는 일은 약속하지 않으려고 노력하는 편입니다. 설령 큰돈이 생기는 일일지라도, 오랫동안 알고 지낸 친구 사이라도, 무슨 제안을 받았을 때 망설여지는 부분이 있으면 주저하지 않고 거절을 합니다.

나처럼 할 수 없다고 말하는 사람도 꽤 많을 것입니다. 얽히고설킨 인간관계 속에서 적을 만들지 않고 살아가려면 어쩔 수 없이 부탁을 들어줘야 하고, 마음에 들지 않는 것이 있어도 그냥 수긍할 수밖에 없는 경우도 많습니다.

하지만 의리 때문에 원하지 않는 일을 억지로 하게 되면 나중에 반드시 후회할 일이 생기게 됩니다. 나는 살아오면서 이런 경우를 많이 보아왔기 때문에 이런 습관을 지키고 있는 것입니다. 의리의 사전적 정의는 '세상을 살아감에 있어서 반드시 해야 할 자세'인데, 우리는 원래 인생 자체가 저마다 다르기에 해야 할 자세도 하나뿐이 아닌 게 분명합니다.

게다가 의리는 반드시 지켜야 할 진리도 아닙니다. 나 자신에게 물어서 원하지 않는 일이라는 답이 나오면 하지 않으면 그뿐입니다. 이것이 자기 자신을 지키며 살아가는 사람의 태도입니다.

만나고 싶다는 생각이 들지 않는 사람, 참석하고 싶지 않

은 모임, 들어가고 싶지 않은 회사, 원하지 않는 일⋯⋯. 그런
데도 단지 의리 때문에 잘못된 선택을 앞세우다 보면 결국
엔 고통이 뒤따르게 됩니다.

아무도 상처받지 않는 방식으로

"그때 그곳에서 그 사람만 만나지 않았어도⋯⋯."

"그 회사 말고 다른 회사에 들어갔더라면⋯⋯."

우리는 살아가면서 후회를 할 때가 많습니다. 인생 앞에
놓인 두 갈래 길에서 하나를 선택한 후에 맞이한 삶이 뜻대
로 진척되지 않을 때 우리는 가지 않은 길을 아쉬워하며 가
슴을 칩니다.

예전에 친구들이 여러 가지 부탁을 했을 때, 정말 귀찮다
고 생각한 적이 많았습니다. 월급쟁이 의사로 일하던 시절
에는 상하관계 탓에 주저하면서도 부탁을 들어주는 일도 꽤
있었습니다.

하지만 지금은 나 자신이 겨우 스스로에게 일치할 수 있
게 되어 싫은 것은 당당히 싫다고 말하고 있습니다.

"도움이 못 되어 미안합니다. 그건 내가 할 일이 아닌 것

같습니다."

이렇게 주저하지 않고 거절합니다. 상대방이 어떻게 생각할지는 상관없습니다. 이렇게 거절하는 힘은 나의 본심과 말을 일치시키는 일이기에 살아가면서 매우 중요한 결단이라고 생각합니다. 분명히 도움을 줄 힘이 없는데도 어쩔 수 없이 수락을 했다가 스트레스 때문에 속앓이를 하는 것보다이런 단호함이 낫다고 생각합니다.

사실 우리는 마음에도 없는 응낙을 했다가 나중에 스스로수렁에 빠지는 일이 많습니다. 처음엔 예의상 단순히 머리를 끄덕였는데, 상대는 그것만 믿고 있다가 나중에 어그러지면문제가 복잡해집니다.

아무도 상처받지 않는 방식이 필요합니다. 결과적으로는거절이지만 상대의 마음에 조금이라도 상처를 주지 않는 방법을 찾아보십시오.

❋

거절하는 힘은 나의 본심과 언행을 일치시키는 일이기에
살아가면서 매우 중요한 결단이다.

사회라는
피라미드의 밑바닥

평범한 시민에서 강렬한 요구자로

최근 서비스에 불만을 가진 고객들의 목소리가 뉴스에 꽤 많이 등장합니다. 그들은 사회 이곳저곳에 존재하는 이름 없는 일반시민에 불과하지만 어떤 계기로 인해 일이 생기면 강렬한 요구자로 돌변합니다.

그런데 문제는 '나는 정의, 그러나 너는 악'이라는 생각에 집착해서 서비스를 제공하는 사람들을 마구 대하는 일입니다. 사회심리학자들은 그런 사람들에게는 자기가 우월한 위치에 있다는 것을 입증해 보이려고 핏발을 세우는 경향이 강하다고 합니다.

일본에서는 특히 택배 서비스에 대한 불만이 매년 증가하고 있습니다. 나도 다양한 형태의 물품을 택배로 받고 있는데, 날씨나 교통 문제 같은 악조건에도 택배 운송에 땀을 흘리는 분들에게 저절로 머리가 숙여지고 진심으로 고맙다는 마음이 앞설 때가 많습니다.

하지만 다같이 나처럼 생각하지는 않는 모양입니다. 택배 배송 문제에는 시간에 관한 불만이 가장 많아서 제때에 도착하지 않으면 화를 마구 표출하는 소비자들이 늘어나고 있다고 합니다.

피라미드의 밑바닥에 있는 사람들

우리가 집이나 직장에서 느긋하게 식사를 하고 있을 때도, 아니면 식사 후에 커피를 마시면서 담소를 나눌 때도, 택배 사원들은 자동차 안에서 빵이나 편의점 도시락을 허겁지겁 먹고 있습니다.

그들은 되도록 하나라도 많이, 그리고 빨리 배달하지 않으면 수입이 여기에 비례하기 때문에 거의 죽기 살기로 뛰게 됩니다. 나의 지인은 어느 택배회사가 배송을 잘하더라며 칭찬을 했는데, 그러한 배경에는 택배사원의 땀과 눈물이 존재하고 있는 것입니다.

아주 조금이라도 좋습니다. 상대방의 입장에서 생각해봅시다. 당신이 택한 직업이니 똑바로 해라, 죽어도 약속된 시간은 지켜라, 이렇게 목소리를 높이는 것은 고객의 자유지만 조금만 상대방을 배려해주는 건 어떨까요?

일본에서 일 년에 유통되는 택배 물량은 50억 개를 넘고, 이것은 해마다 증가하고 있다고 합니다. 어디 택배뿐이겠습니까? 우리가 편리한 시대가 되었다고 느끼는 배경 뒤에는 편리함을 필사적으로 지탱해주는 사람들이 있음을 알아야 합니다.

어떤 사람이 '나는 정의, 너는 악'이라고 외칠 경우, 대부분은 사회적 약자가 상대일 때가 많습니다. 나보다 강한 자에게 그런 식으로 나갔다가는 언제 불벼락을 맞을지 모르기 때문입니다.

사회라는 피라미드의 밑바닥을 떠받치고 있는 사람들에게 인간다운 대접을 해줍시다. 내가 나를 좋아하듯이 그런 분들을 존중하는 태도가 진짜 인격입니다.

사회라는 피라미드의 밑바닥을 떠받치고 있는
사회적 약자들에게 배려하는 마음을 갖자.

옮긴이 **이정은**

고려대학교를 졸업하고 일본 히토쓰바시대학(一橋大學) 대학원에서 석사학위와 '한일 근대의 인쇄 매체를 통해 나타난 근대여성 연구'라는 주제로 박사학위를 받았다. 현재 일본에서 대학강사로 활동하고 있다. 번역서로 《곁에 두고 읽는 니체》, 《살아남는다는 것에 대하여》, 《도망치고 싶을 때 읽는 책》, 《만만하게 보이지 않는 대화법》 등이 있다.

너와 조금 달라도
내가 틀린 것은 아니야

초판 1쇄 인쇄일   2023년 1월 20일
초판 1쇄 발행일   2023년 1월 30일

지은이	야하기 나오키
옮긴이	이정은
발행인	이지연
주간	이미숙
책임편집	김진아
책임디자인	김은주
책임마케팅	안병휘
경영지원	이지연

발행처	㈜홍익출판미디어그룹
출판등록번호	제 2020-000332 호
출판등록	2020년 12월 07일
주소	경기도 고양시 백석동 1324 동문굿모닝타워 2차 927호
대표전화	02-323-0421
팩스	02-337-0569
메일	editor@hongikbooks.com

ISBN   979-11-9291-607-1 (03190)

*이 책은 《자기 자신을 좋아하게 되는 연습》의 신개정판입니다.